Ruth Görlich

Daniel Schmalhaus

Gelassen durch den Advent

Achtsamkeit-Adventskalender für eine stressfreie Vorweihnachtszeit mit der Familie

Ruth Görlich

Daniel Schmalhaus

Gelassen durch den Advent

Achtsamkeit-Adventskalender für eine
stressfreie Vorweihnachtszeit mit der
Familie

Bibliografische Information der Deutschen
Nationalbibliothek: Die Deutsche Nationalbibliothek
verzeichnet diese Publikation in der Deutschen
Nationalbibliografie; detaillierte bibliografische Daten sind
im Internet über dnb.dnb.de abrufbar.

Verlag: BoD · Books on Demand GmbH, In de Tarpen 42,
22848 Norderstedt

Druck: Libri Plureos GmbH, Friedensallee 273, 22763
Hamburg

ISBN: 978-3-7583-5115-0

Inhalt

Vorwort.. 7

Advents-Quiz 9

1 - Achtsames Frühstück...................................... 11

2 - Achtsamkeit mit Hund.................................... 17

3 - Achtsamer Morgen im Advent 23

4 - Entspannt zur Arbeit...................................... 29

5 - Achtsame Arbeitspausen................................ 35

6 - Familienzeit bewusst genießen 41

7 - Achtsames Spazierengehen............................ 49

8 - Achtsamkeit in der Familie 55

9 - Abendrituale im Advent 61

10 - Kommunikation im Beruf 67

11 - Stressabbau durch Atemübungen................. 73

12 - Achtsames Erleben der Adventszeit.............. 79

13 - Balance im Berufsalltag 85

14 - Achtsames Wochenende................................ 91

15 - Achtsame Feiertagsvorbereitungen 97

16 - Achtsamkeit im Umgang mit Herausforderungen 105

17 - Selbstfürsorge im Advent 111

18 - Achtsames Backen und Kochen..................... 117

19 - Achtsame Rituale etablieren 125

20 - Achtsamkeit in der Partnerschaft.................. 131

21 - Achtsames Dekorieren 137

22 - Achtsamkeitspraxis vertiefen 145

23 - Vorbereitung auf Heiligabend 153

24 - Achtsamkeit an Weihnachten 161

Achtsamkeit über die Feiertage hinaus........................... 175

Danke... 177

Über Ruth und Daniel... 179

Vorwort

Liebe Leserin, lieber Leser,

willkommen zu unserem besonderen Adventskalender **„Gelassen durch den Advent"**. Vom 1. Dezember bis zum Heiligabend begleiten wir dich mit täglichen Impulsen, Reflexionen und kleinen Quizfragen, die dir helfen, die Adventszeit ruhig, bewusst und erfüllt zu erleben.

In einer Zeit, die oft von Hektik und Vorweihnachtsstress geprägt ist, möchten wir dir einen Wegweiser bieten, um jeden Tag im Advent gelassener zu gestalten. Unser Ziel ist es, dir durch praktische Tipps, besinnliche Anregungen und Reflexionsmöglichkeiten Momente der Ruhe und inneren Einkehr zu schenken.

Jeden Tag öffnet sich eine neue Seite dieses Buches – wie ein Türchen im Adventskalender – die dich einlädt, innezuhalten, den Moment zu genießen und zur Ruhe zu kommen. Von achtsamen Morgenroutinen über sanfte Atemübungen bis hin zu stimmungsvollen Abendritualen – dieses Buch ist dein Begleiter durch die besinnliche Jahreszeit. Dabei bieten dir die täglichen Reflexionen Raum für eigene Gedanken, während die kleinen Quizfragen zum Mitmachen einladen und am Ende ein weihnachtliches Lösungswort offenbaren.

Wir, Ruth und Daniel, haben dieses Projekt mit Herz und Seele gestaltet, um dir einen bewussten Weg durch die Adventszeit zu eröffnen. Jeder Impuls in diesem Buch basiert auf unseren persönlichen Erfahrungen und Erkenntnissen aus der Praxis der Achtsamkeit.

Lass dich Tag für Tag von unseren Impulsen inspirieren, finde in der Hektik des Alltags Momente des Friedens und der Stille, und entdecke, wie Gelassenheit dein Leben in dieser besonderen Zeit des Jahres bereichern kann. Achtsamkeit und bewusste Entschleunigung helfen dir, die Weihnachtszeit nicht nur äußerlich, sondern auch emotional intensiver zu erleben.

Wir wünschen dir eine erfüllende Lektüre und viel Freude beim Entdecken und Reflektieren.

Adventliche Grüße
Ruth & Daniel

Advents-Quiz

Löse täglich die Frage vom Advents-Quiz und erhalte am 24. Dezember die Lösung.

Trage hier die Lösungsbuchstaben ein, wobei z. B. die Nr. 5 der 5. Buchstabe des Lösungswortes ist usw.

Viel Spaß beim Miträtseln!

1 - Achtsames Frühstück

Mit Ruhe in den Tag starten

Impuls 1 - Achtsames Frühstücken

Heute laden wir dich ein, dein Frühstück in einen besonderen Moment Achtsamkeit zu verwandeln.

In der Hektik der Adventszeit kann gerade diese erste Mahlzeit des Tages zu einem ruhigen Ankerpunkt werden.

Vorbereitung des Frühstücks

Beginne mit der achtsamen Zubereitung deines Frühstücks. Wähle Zutaten, die dich an die Adventszeit erinnern. Vielleicht riecht es nach Zimt, anderen Gewürzen oder frisch gepressten Orangen. Lasse jeden Handgriff, ob beim Schneiden von Gemüse und Obst oder Anrichten des Müslis, zu einem Akt der Achtsamkeit werden, bei dem du die Farben und Düfte mit allen Sinnen wahrnimmst.

Bewusstes Eindecken

Richte deinen Frühstückstisch adventlich her. Vielleicht möchtest du eine Adventskerze anzünden oder Kräuter auf den Tisch stellen. Festliche Akzente helfen, eine Atmosphäre zu schaffen, die dich dabei unterstützen, den Tag mit einem Moment des Innehaltens zu beginnen.

Dankbarkeit üben

Nimm dir einige Minuten, um dich zu fragen: „Wofür bin ich heute dankbar?" Ob es die Wärme deines Zuhauses, die Nähe deiner Liebsten oder die bevorstehenden Feiertage sind - diese Dankbarkeit am Morgen kann deinen ganzen Tag positiv beeinflussen.

Achtsam essen

Genieße dein Frühstück bewusst. Achte auf die Geschmacksnuancen jeder Zutat. Langsames Essen hilft dir, nicht nur zu genießen, sondern auch deine Gefühle intensiver zu erfahren.

In Stille genießen

Schaffe Stille für dein genussvolles Frühstück. Schalte Ablenkungen wie Fernseher oder Handy aus. Die Stille am Morgen ist eine kostbare Zeit, besonders an hektischen Tagen.

Gedanken auf den Tag richten

Nach dem Frühstück richte deine Gedanken auf den bevorstehenden Tag. Überlege, wie du die Ruhe des Morgens in deinen Tag mitnehmen und kleine Momente der Achtsamkeit in deinen Alltag einbauen kannst, um die Adventszeit in ihrer vollen Tiefe zu erleben. Vielleicht suchst du einen kleinen Gegenstand, den du den ganzen Tag bei dir trägst, um dich an Achtsamkeit zu erinnern, oder du wählst einen Spruch des Tages aus, der dich begleitet.

Ein achtsames Frühstück ist eine Möglichkeit, den Tag mit Ruhe zu beginnen. Außerdem ist es deine Chance, die Besonderheiten der Adventszeit und bewusst wahrzunehmen.

Genieße deinen Tag, und starte ihn mit einem Moment der Ruhe und Besinnlichkeit!

Achtsamer Gedanke des Tages

„Ein ruhiger Morgen bereitet den Weg für einen friedvollen Tag."

Frage 1

Wie kannst du den ersten Advent achtsam verbringen?

E   Handyfreie Zeit
R   Videospiele spielen
L   Online einkaufen
F   Über die Arbeit nachdenken

Die richtige Lösung ist der 10. Buchstabe des Lösungsworts.

Mit Ruhe in den Tag starten

Tages REFLEXION

Heute ist:

Wie fühle ich mich heute?

Das war heute schön

Mein Grund dafür

Wie habe ich mein Frühstück heute genossen?

Der Duft der Ruhe

(Kurzgeschichte)

Es war ein typischer Dezembermorgen. Die Welt draußen war noch dunkel, und die Kälte drückte gegen die Fenster. Sarah war vor dem Wecker wach geworden, ein seltener Moment der Stille, bevor der Tag seine Hektik entfalten würde. Sie ging in die Küche, bereitete sich einen heißen Kaffee und stellte einen Teller mit duftenden Brötchen auf den Tisch. Der Geruch von frisch gebrühtem Kaffee mischte sich mit dem sanften Duft der ersten Kerze auf dem Adventskranz.

Für einen kurzen Augenblick hielt Sarah inne. Anstatt wie sonst hastig das Frühstück zu machen, setzte sie sich hin. Sie fühlte die Wärme der Tasse in ihren Händen und ließ den Blick durch das Zimmer schweifen. Es gab keinen Lärm, keine Eile – nur sie und diesen Moment. Der Duft der Brötchen erinnerte sie an die Kindheit, an die Samstage, die sie mit ihrer Mutter in der Bäckerei verbracht hatte. Damals hatte die Zeit langsamer getickt. Und während sie da saß, entschied sie, dass genau dies der Moment war, den sie ihren Kindern schenken wollte: ein gemeinsames Frühstück in Ruhe, ein Innehalten vor dem Sturm des Tages.

2 - Achtsamkeit mit Hund

Verbundenheit in der Natur

Impuls 2 - Achtsamkeit mit Hund

Die Adventszeit ist nicht nur für uns Menschen etwas Besonderes, sondern eine gute Gelegenheit, auch mit unseren hündischen Freunden – ob eigene oder die von Freunden und Familie – achtsame Momente zu erleben.

Hier sind einige Tipps, wie du die Adventszeit nutzen kannst, um eine tiefere Verbindung zu schaffen:

Gemeinsame Spaziergänge im Adventszauber

Nutze die täglichen Spaziergänge, um die festliche Stimmung gemeinsam zu genießen. Achte auf die Weihnachtsdekorationen, den Geruch von Tannennadeln und den Klang von Weihnachtsliedern in der Luft. Beobachte, wie der Hund auf die festlichen Reize reagiert.

Achtsame Streicheleinheiten

Nimm dir bewusst Zeit, um den Hund zu streicheln und mit ihm zu kuscheln, besonders in den ruhigen Abendstunden. Fühle seine Wärme und Nähe, während ihr zusammen seid. Diese gemeinsamen Momente der Stille können für euch beide beruhigend wirken.

Spielzeit im Adventsglanz

Verbringe Zeit damit, mit dem Hund zu spielen. In diesen spielerischen Momenten könnt ihr Ausgelassenheit und Freude teilen. Sie stärken außerdem die Bindung zwischen euch.

Achtsames Füttern

Mache die Fütterungszeit zu einem achtsamen Ritual. Beobachte, wie der Hund seine Mahlzeit genießt, und sei ganz präsent in diesem Moment. Dies hilft dir, eine tiefere Wertschätzung für die alltäglichen Routinen zu entwickeln.

Entspannungsübungen zusammen

Probiere sanfte Entspannungsübungen mit dem Hund. Mache es dir gemütlich, atme tief ein und aus, und lade den Hund ein, sich bei dir zu entspannen. Die ruhige, friedliche Atmosphäre wird euch beiden gut tun.

Indem du diese achtsamen Momente mit einem Hund in der Adventszeit bewusst erlebst, schaffst du nicht nur eine tiefere Bindung, sondern findest auch selbst Ruhe und Gelassenheit in der oft hektischen Vorweihnachtszeit.

Genieße deinen Tag und die besondere Zeit mit Hund!

Achtsamer Gedanke des Tages

„Manchmal braucht es nur einen treuen Begleiter und die Natur, um den Frieden in sich selbst zu finden."

Frage 2

Was ist eine einfache Achtsamkeitsübung beim Spazierengehen mit dem Hund?

T   Handy checken
A   Bewusst atmen
I   Laute Musik hören
M   Schnell gehen

Die richtige Lösung ist der 14. Buchstabe des Lösungsworts.

Verbundenheit in der Natur

Tages REFLEXION

Heute ist:

Wie fühle ich mich heute?

Das war heute schön

Mein Grund dafür

Was habe ich heute in der Natur wahrgenommen?

Ein Spaziergang im Schnee

(Kurzgeschichte)

Die ersten Schneeflocken fielen, als Christian und sein Hund Balou den Wald betraten. Es war ein Montagmorgen im Advent, und obwohl Christians Arbeitswoche turbulent und stressig werden würde, freute er sich auf diesen Moment. Der Schnee knirschte unter den Füßen, und die Welt schien wie in eine weiche, beruhigende Decke gehüllt zu sein. Balou sprang durch den Schnee, seine pure Freude übertrug sich auf Christian.

Während sie weitergingen, erinnerte er sich daran, wie er als Kind den ersten Schnee herbeigesehnt hatte. Früher war es die Freude über den Schnee – heute war es die Ruhe, die er in diesen Momenten suchte. Im Trubel des Alltags hatte er oft das Gefühl, die Verbindung zur Natur und zu sich selbst zu verlieren. Aber hier, in dieser stillen Winterwelt, fand er sie wieder. Die Kälte auf der Haut, der Duft von Tannen und das Spiel der Schneeflocken – all das brachte ihn zurück ins Jetzt.

Er dachte darüber nach, wie Balou jeden Spaziergang genoss, als wäre es das erste Mal. Vielleicht, dachte Christian, sollten wir alle so sein – die kleinen Momente des Lebens mit der gleichen Achtsamkeit erleben wie ein Hund im Schnee.

3 - Achtsamer Morgen im Advent

Den Tag ruhig beginnen

Impuls 3 - Achtsamer Morgen im Advent

Die Adventszeit kann voller Wunder und Besinnlichkeit stecken. Allzu oft wird sie von der Hektik des Alltags überschattet. Deshalb beginnen wir mit einer wertvollen Praxis - der achtsamen Morgenroutine.

In der Adventszeit hilft dir ein achtsamer Morgen, um den Tag ausgeglichen und besinnlich zu beginnen. Hier sind einige Schritte, um deinen Morgen in dieser speziellen Zeit des Jahres bewusst zu gestalten:

Frühes Erwachen:

Beginne deinen Tag zehn bis fünfzehn Minuten früher. Nutze diese zusätzliche Zeit, um in Ruhe aufzuwachen und den Tag ohne Eile zu starten, während draußen vielleicht der erste Schnee fällt.

Dankbarkeit:

Widme einen Moment den drei Dingen, für die du gerade jetzt dankbar bist. Vielleicht ist es der Duft von Tannennadeln, das warme Licht einer Kerze oder der erste selbstgebackene Weihnachtskeks.

Bewegung:

Starte mit einem kurzen Spaziergang oder einer kurzen Yoga-Session in den Tag. Oder tanze doch einfach mal durch dein Zuhause.

Bewusste Atmung:

Konzentriere dich auf deine Atmung, und lasse jeden Atemzug Entspannung in deinen Morgen bringen. Stelle dir vor, wie du mit jedem Atemzug mehr Ruhe einatmest.

Planung des Tages:

Überlege bei einer Tasse Kaffee oder Tee, wie du Achtsamkeit in deinen Tag integrieren kannst. Vielleicht unternimmst du einen kurzen Spaziergang in der Mittagspause, um die festliche Dekoration in deiner Umgebung zu bewundern.

Zeit mit dem Hund:

Genieße den morgendlichen Spaziergang im winterlichen Ambiente. Achte auf die frostige Natur, das Spiel des Lichts durch die kahlen Bäume und die Freude (d)eines Hundes im Schnee.

Achtsames Frühstücken:

Genieße dein Frühstück ohne Ablenkung. Vielleicht mit einem Adventskalender am Tisch, um den Tag mit einem motivierenden Spruch oder einer kleinen Überraschung zu beginnen.

Indem du jeden Morgen in der Adventszeit bewusst und achtsam beginnst, schaffst du deinen eigenen Raum der Ruhe. Dies kann dir helfen, die besondere Stimmung dieser Zeit in vollen Zügen zu genießen und entspannt in den Tag zu starten.

Achtsamer Gedanke des Tages

„Ein ruhiger Morgen ist der Schlüssel zu einem gelassenen Tag."

Frage 3

Welche Achtsamkeitsübung ist ideal, um den Arbeitstag zu beginnen?

M In den sozialen Medien surfen
I Eine Tasse Kaffee oder Tee bewusst trinken
W Nachrichten schauen
K Schnell frühstücken

Die richtige Lösung ist der 23. Buchstabe des Lösungsworts.

Den Tag ruhig beginnen

Tages REFLEXION

Heute ist:

Wie fühle ich mich heute?

Das war heute schön

Mein Grund dafür

Wie habe ich meinen Morgen achtsam begonnen?

Früher aufstehen für mehr Gelassenheit

(Wissenswertes)

Die Adventszeit bringt oft viel Hektik mit sich. Zwischen Job, Weihnachtsvorbereitungen und familiären Verpflichtungen fällt es vielen berufstätigen Eltern schwer, einen Moment für sich zu finden. Doch eine einfache Veränderung in der Morgenroutine kann dabei helfen, den Tag gelassener anzugehen: Das frühe Aufstehen.

Stell dir vor, der Wecker klingelt 15 Minuten früher als gewohnt. Anstatt hektisch aus dem Bett zu springen, hast du Zeit, langsam wach zu werden. Du bereitest dir eine Tasse Kaffee oder Tee zu, zündest eine Kerze an und atmest tief durch. Diese Zeit gehört nur dir. Du hast noch keine Nachrichten gelesen, keine E-Mails gecheckt, keine Aufgaben im Kopf, die erledigt werden müssen. In diesen wenigen Minuten kannst du Kraft für den Tag sammeln.

Studien zeigen, dass ein bewusster Start in den Tag nicht nur das Stresslevel senkt, sondern auch das Wohlbefinden steigert. Indem du dir diese Zeit nimmst, bevor die Anforderungen des Alltags auf dich einstürmen, schaffst du eine Grundlage für mehr Gelassenheit. Selbst wenn der Tag hektisch wird, hast du diesen Moment der Ruhe, auf den du zurückgreifen kannst.

Früher aufzustehen bedeutet, den Tag in deinem eigenen Tempo zu beginnen – und das ist vielleicht das größte Geschenk, das du dir selbst in der Adventszeit machen kannst.

4 - Entspannt zur Arbeit

Gelassenheit im Alltag finden

Impuls 4 - Entspannt zur Arbeit

Die Adventszeit sollte eine Zeit der Besinnung und Vorfreude sein. Dabei ist der tägliche Weg zur Arbeit oft stressig.

Entdecke heute, wie du diese alltägliche Routine in einen Moment der Achtsamkeit verwandeln kannst, der deinen Advent bereichert.

Bewusstes Atmen im Adventstrubel

Beginne deinen Arbeitsweg mit einigen tiefen Atemzügen. Egal, ob du schon im Auto sitzt, noch auf den Bus wartest oder durch festlich geschmückte Straßen gehst, konzentriere dich auf deine Atmung. Fühle, wie jeder Atemzug dir hilft, den vorweihnachtlichen Trubel hinter dir zu lassen und dich auf den gegenwärtigen Moment zu konzentrieren. So bleibst du – mit etwas Übung - nicht nur im Hier & Jetzt, sondern auch ganz einfach bei dir.

Achtsamer Spaziergang zur Arbeit

Nutze deinen Fußweg, um die Adventsstimmung aufzunehmen. Achte auf den kühlen Wind auf deiner Haut, die leuchtenden Lichter und den Duft von Tannennadeln oder Weihnachtsgebäck in der Luft. Diese Sinneserfahrungen können dir eine ruhige Grundstimmung für den Tag geben.

Positive Gedanken für die Adventszeit

Denke auf deinen alltäglichen Wegen an das, was dir an der Adventszeit am meisten gefällt. Vielleicht ist es das Zusammensein mit der Familie, das Backen von Plätzchen oder das Schmücken der Wohnung bzw. des Weihnachtsbaums. Nimm deine Dankbarkeit und Vorfreude wahr. Solche Gedanken erfüllen dich mit Wärme und helfen dir, den Tag mit einem Lächeln zu beginnen.

Entspannende Klänge für die Fahrt

Höre während der Fahrt in öffentlichen Verkehrsmitteln entspannende Musik oder einen inspirierenden Podcast. Wähle etwas, das deine Stimmung hebt.

Mit diesen einfachen Achtsamkeitsübungen wird dein Arbeitsweg in der Adventszeit zu einer Quelle der Ruhe. Genieße diese Momente der Achtsamkeit, die dir dabei helfen, jeden Tag in all seiner Fülle zu erleben.

Genieße deinen achtsamen Weg zur Arbeit und zurück!

Achtsamer Gedanke des Tages

„Jeder Weg wird leichter, wenn du ihn bewusst und ohne Eile gehst."

Frage 4

Was ist ein effektiver Achtsamkeitsmoment am Arbeitsplatz?

C   Eine kurze Meditationspause
S   E-Mails prüfen
L   Grübeln, was der Tag noch bringt
D   Im Internet surfen

Die richtige Lösung ist der 15. Buchstabe des Lösungsworts.

Gelassenheit im Alltag finden

Tages REFLEXION

Heute ist:

Wie fühle ich mich heute?

Das war heute schön

Mein Grund dafür

Was habe ich heute auf dem Arbeitsweg beobachtet?

Ein Geschenk im Stau

(Kurzgeschichte)

Es war einer dieser Adventsmorgen: Der Verkehr stockte, das Radio berichtete von endlosen Staus, und Lisa saß in ihrem Auto, die Hände verkrampft am Lenkrad. Sie spürte, wie der Stress sie langsam übermannte – die Deadlines im Büro, die Weihnachtsvorbereitungen zu Hause, die Geschenke, die noch nicht besorgt waren. Die Hektik um sie herum schien sich in ihren Gedanken zu spiegeln.

Doch dann passierte etwas Unerwartetes. Im Auto vor ihr, durch die Heckscheibe, sah sie einen kleinen Jungen, der sich lächelnd gegen das Fenster lehnte und sie anstarrte. Als sich ihre Blicke trafen, strahlte er sie an und winkte. Lisa musste unwillkürlich zurücklächeln und winkte zurück. Der Moment fühlte sich an wie ein Geschenk – ein winziger Augenblick der Freude mitten im morgendlichen Chaos.

Sie lehnte sich im Sitz zurück und atmete tief durch. Plötzlich war der Stau kein Ärgernis mehr, sondern eine Gelegenheit, innezuhalten. Das Lächeln des Jungen hatte sie daran erinnert, dass es in der Adventszeit nicht darum geht, alles zu schaffen, sondern darum, die kleinen Momente zu genießen. Statt sich über die verlorene Zeit zu ärgern, nutzte Lisa die Minuten, um tief durchzuatmen, über die anstehenden Feiertage nachzudenken und sich auf die schönen Dinge zu freuen.

Manchmal, so erkannte sie, findet man Gelassenheit genau da, wo man sie am wenigsten erwartet – selbst im Stau.

5 - Achtsame Arbeitspausen

Mini-Auszeiten für mehr Energie

Impuls 5 - Achtsame Arbeitspausen

In der hektischen Vorweihnachtszeit können die kleinen Pausen während des Arbeitstages besonders wertvoll sein.

Heute wollen wir dir zeigen, wie du diese Momente mit Adventsstimmung und Achtsamkeit füllen kannst.

Advents-Atemübung:

Nutze eine kurze Pause für eine Atemübung. Schließe die Augen. Stelle dir vor, wie du den Duft eines frisch gebackenen Weihnachtsplätzchens einatmest. Konzentriere dich auf den Rhythmus deiner Atmung. Mit jedem Ausatmen lässt du mehr und mehr Stress des Arbeitstages los. Die Vorstellung weihnachtlicher Düfte kann ein Gefühl der Wärme und Freude in dir wecken.

Gehmeditation mit weihnachtlichem Fokus:

Wenn du die Möglichkeit hast, gehe für ein paar Minuten nach draußen. Achte auf die festliche Dekoration und Beleuchtung um dich herum. Konzentriere dich auf das Gefühl deiner Schritte und die frische, vielleicht sogar frostige Luft. Diese kleine Auszeit kann dir helfen, deine Arbeit fokussierter fortzusetzen.

Achtsamkeit am Schreibtisch mit Adventskalender:

Richte deinen Blick auf einen kleinen Weihnachtsschmuck oder deinen Adventskalender. Nimm dir einen Moment, um die Details und Farben zu betrachten. Diese visuelle Achtsamkeitsübung kann dich für einen Moment aus dem Arbeitsalltag herausnehmen und dir ein Gefühl von Ruhe geben.

Dankbarkeit für adventliche Momente:

Denke an Dinge, die dich in dieser Adventszeit glücklich machen. Vielleicht ist es das Gefühl der Vorfreude, das Leuchten der Weihnachtslichter oder ein bevorstehendes Treffen mit lieben Menschen. Dieser Dankbarkeitsmoment hilft dir, positive Aspekte in deinem Leben zu erkennen.

Kurzer Spaziergang im Adventslicht:

Wann immer möglich, gehe kurz spazieren, und genieße die weihnachtlichen Lichter und Dekorationen. Vielleicht kann dir der Anblick von funkelnden Lichtern und festlichen Schaufenstern helfen, abzuschalten und neue Energie zu tanken? Oder tut es dir besonders gut, die winterliche Natur zu betrachten? Finde heraus, wo genau du deine Energie am besten aufladen kannst.

Diese achtsamen Pausen sind wie kleine Geschenke an dich selbst. Sie ermöglichen es dir, inmitten des Arbeitstages Momente der Ruhe zu finden und die Adventszeit bewusst zu erleben.

Achtsamer Gedanke des Tages

„Auch die kleinste Pause kann Großes bewirken, wenn sie mit Achtsamkeit gefüllt ist.“

Frage 5

Welche Aktivität kannst du mit deinem Hund gemeinsam achtsam tun?

E   Fernsehen
S   Spielen
T   Online-Shopping
U   Arbeiten

Die richtige Lösung ist der 3. Buchstabe des Lösungsworts.

Mini-Auszeiten für mehr Energie

Tages REFLEXION

Heute ist:

Wie fühle ich mich heute?

Das war heute schön

Mein Grund dafür

Wie habe ich meine Pausen heute genutzt?

Die Kunst der Mini-Pausen

(Wissenswertes)

Gerade in der Adventszeit, wenn die To-Do-Listen länger und die Tage kürzer werden, vergessen viele Berufstätige, sich Zeit für sich selbst zu nehmen. Doch Pausen – so kurz sie auch sein mögen – sind essenziell, um die eigene Leistungsfähigkeit und Gelassenheit aufrechtzuerhalten.

Wissenschaftler haben herausgefunden, dass regelmäßige Mini-Pausen während des Arbeitstages Stress reduzieren und die Konzentration fördern. Es braucht nicht viel: Eine kurze Atemübung am Schreibtisch, ein Blick aus dem Fenster oder ein kleiner Spaziergang zur Kaffeemaschine können Wunder wirken.

Achtsame Pausen bedeuten, den Moment ganz bewusst wahrzunehmen. Wenn du nur eine Minute hast, dann konzentriere dich auf deinen Atem: Atme tief ein, spüre, wie die Luft deinen Körper erfüllt, und atme langsam aus. Lass die Gedanken los, die dich stressen, und kehre für einen Augenblick in den Moment zurück.

Auch das Aufstehen und Dehnen oder ein kurzer Spaziergang durch das Bürogebäude bieten eine willkommene Erfrischung für Geist und Körper. Diese kleinen Auszeiten sind wie ein Reset-Knopf – sie helfen dir, die Gedanken zu klären, den Stresslevel zu senken und den restlichen Arbeitstag mit neuer Energie zu meistern.

Gerade in der hektischen Adventszeit ist es wichtig, auf diese Mini-Pausen zu achten. Sie sind der Schlüssel zu mehr Gelassenheit, sowohl im Job als auch zu Hause.

6 - Familienzeit bewusst genießen

Gemeinsamkeit statt Hektik

Impuls 6 - Familienzeit bewusst genießen

Wie kannst du die Familienzeit in dieser besonderen Zeit bewusst genießen? Darum geht es heute. Denn die Adventszeit darfst du nutzen, um Nähe und Verbundenheit in deiner Familie zu stärken.

Hier sind einige Anregungen für achtsame Familienaktivitäten.

Adventskalender gemeinsam gestalten

Beginnt den Tag damit, gemeinsam den Adventskalender zu öffnen, und teilt diese Freude des Entdeckens. Besprecht, was der Tag euch bringen wird. Dies kann eine schöne Tradition sein, die zum einen die Vorfreude auf den Tag, zum anderen die Vorfreude auf Weihnachten erhöht.

Gemeinsames Plätzchenbacken

Nehmt euch Zeit, um gemeinsam Weihnachtsplätzchen zu backen. Achtet darauf, jeden Schritt des Backens bewusst wahrzunehmen – vom Ausrollen des Teigs bis zum Verzieren der Plätzchen. Hierbei könnt ihr prima miteinander ins Gespräch kommen.

Wer macht eigentlich was am liebsten?

Wer probiert gerne rohen Teig?

Wem gefällt es, vor dem Ausstechen nochmal mit den Fingern den glatten Teig zu berühren?

Wer hat sich alle Zutaten merken können?

Wie duftet der Teig?

Und wie sollen die Plätzchen dekoriert werden?

Lasst jedes Familienmitglied seine Lieblingsplätzchenform wählen und schafft so individuelle Erinnerungen.

Weihnachtsgeschichten vorlesen

Setzt euch abends zusammen, und lest weihnachtliche Geschichten oder Gedichte miteinander. Genießt gemeinsame Zeit bei Kerzenschein. Dies fördert die Familienbindung und bringt Ruhe in den Abend.

Adventsspaziergänge

Macht gemeinsame Spaziergänge durch eure Nachbarschaft, um die Weihnachtsbeleuchtung zu bewundern. Sprecht darüber, was euch gefällt und welche Dekorationen eure Aufmerksamkeit erregen. Solche Spaziergänge sind eine schöne Möglichkeit, frische Luft zu schnappen und gemeinsam zu entspannen.

Achtsame Gespräche

Nehmt euch Zeit, um bei einem warmen Getränk achtsame Gespräche zu führen. Tauscht euch darüber aus, wie es euch geht, teilt eure Wünsche für die Adventszeit und erzählt, was ihr an Weihnachten besonders mögt. Diese Momente des Austauschs fördern das gegenseitige Verständnis und stärken die familiäre Verbundenheit. Jede/r Einzelne ist wertvoll und soll die Möglichkeit haben, sich auszudrücken.

Indem du diese achtsamen Aktivitäten in deine Familienroutine integrierst, förderst du die Verbundenheit und schaffst unvergessliche Erinnerungen. Nutze diese Adventszeit, um mit deiner Familie bewusst zusammenzukommen und jeden Moment zu schätzen.

Genieße deinen Tag und die besondere Zeit mit deiner Familie!

Achtsamer Gedanke des Tages

„Die wertvollsten Geschenke sind Zeit und Aufmerksamkeit."

Frage 6

Wie kannst du den Nikolaustag achtsam mit deiner Familie verbringen?

K   Geschenke online kaufen
L   Überstunden machen
T   Bewusst Zeit miteinander verbringen
Z   Fernsehen

Die richtige Lösung ist der 17. Buchstabe des Lösungsworts.

Gemeinsamkeit statt Hektik

Tages REFLEXION

Heute ist:

Wie fühle ich mich heute?

Das war heute schön

Mein Grund dafür

Was hat mir die Familienzeit heute bedeutet?

Die Legende des heiligen Nikolaus

(Wissenswertes)

Jedes Jahr am 6. Dezember stellen Kinder ihre geputzten Schuhe oder Stiefel vor die Tür und hoffen, dass der heilige Nikolaus sie über Nacht mit Süßigkeiten und kleinen Geschenken füllt. Diese Tradition ist tief in vielen Kulturen verwurzelt, doch der Ursprung des Nikolaustages geht auf eine viel ältere Geschichte zurück – die Legende des heiligen Nikolaus von Myra.

Der heilige Nikolaus lebte im 4. Jahrhundert in der Stadt Myra, die im heutigen Türkei liegt. Er war Bischof und wurde weit über die Grenzen seiner Stadt hinaus für seine Taten bekannt. Doch nicht seine Stellung oder sein Reichtum machten ihn berühmt, sondern seine Großzügigkeit und sein Herz für die Bedürftigen.

Eine der bekanntesten Legenden erzählt von einem armen Mann, der drei Töchter hatte. Der Mann war so mittellos, dass er die Mitgift für seine Töchter nicht aufbringen konnte – damals eine Voraussetzung für die Heirat. Ohne Mitgift sahen die jungen Frauen keine Zukunft und standen vor einer düsteren Perspektive. Nikolaus, der von ihrer Notlage hörte, beschloss, zu helfen, ohne dabei selbst im Rampenlicht zu stehen. Eines Nachts warf er heimlich einen Beutel voller Gold durch das Fenster des Hauses – direkt in die Strümpfe und Schuhe, die am Kamin zum Trocknen aufgehängt waren.

Diese Geschichte wurde im Laufe der Jahrhunderte immer wieder erzählt und trug dazu bei, dass Nikolaus als Schutzpatron der Kinder und Armen verehrt wurde. Es war seine Bescheidenheit, seine Großzügigkeit und seine Liebe zu den Menschen, die ihn zum Heiligen machten. Auch heute noch erinnern uns die Stiefel vor der Tür und die kleinen Gaben, die Kinder darin finden, an seine Taten.

Der heilige Nikolaus lehrt uns etwas, das in der Vorweihnachtszeit besonders wichtig ist: Es sind nicht die großen, spektakulären Gesten, die zählen, sondern die stillen, aufrichtigen Akte der Freundlichkeit und Nächstenliebe. Er zeigt uns, dass wahre Großzügigkeit nicht nach Anerkennung sucht und dass wir alle die Möglichkeit haben, ein wenig Licht in das Leben anderer zu bringen – genau wie Nikolaus es einst tat.

So steht der Nikolaustag nicht nur für das Schenken, sondern für die Bedeutung des achtsamen Gebens. Eine Tradition, die uns daran erinnert, dass die wahren Geschenke nicht materiell sind, sondern aus dem Herzen kommen – genauso wie Nikolaus seine Hilfe gab, um Freude und Hoffnung zu schenken, ohne jemals etwas zurückzuverlangen.

7 - Achtsames Spazierengehen

Die Vorweihnachtszeit bewusst erleben

Impuls 7 - Achtsames Spazierengehen

Heute laden wir dich zu einer besonders entspannenden Aktivität ein: dem achtsamen Spaziergang. In der hektischen Adventszeit ist es wichtig, bewusst Momente der Ruhe und Entspannung zu schaffen. Ein achtsamer Spaziergang ist eine tolle Methode, um Körper, Geist und Seele zu harmonisieren.

Wähle den richtigen Moment

Suche dir für deinen achtsamen Spaziergang eine Zeit aus, in der du dich nicht gehetzt fühlst. Vielleicht früh am Morgen, wenn die Stadt noch schläft, oder am Abend, wenn die Lichter der Weihnachtsdekorationen die Straßen erhellen.

Bewusstes Gehen

Beim achtsamen Spaziergang konzentriere dich auf jeden Schritt. Spüre, wie deine Füße den Boden berühren und wieder abheben. Nimm die Bewegung deiner Beine wahr und wie genau dein Körper sich vorwärts bewegt.

Nutze deine Sinne

Achte auf die Geräusche um dich herum – das Knirschen von Schnee unter deinen Füßen, das ferne Läuten einer Kirchenglocke oder das leise Summen der Stadt. Errieche die winterliche Luft, die typischen Aromen und Düfte.

Beobachte die Natur und Umgebung

Schaue dir die Bäume an, wie sie ihre Blätter verloren haben, und beobachte, wie sich die Natur auf den Winter vorbereitet. Erkunde die weihnachtlichen Dekorationen und Lichter, die in der Adventszeit überall zu finden sind.

Atme bewusst

Konzentriere dich auf deine Atmung. Atme tief ein und langsam aus. Stelle dir vor, wie du mit jedem Atemzug Frische und Klarheit einatmest, mit jedem Ausatmen Stress und Anspannung loslässt. Hilfreich ist es, dir dies auch in Gedanken zu sagen.

Sei im Hier und Jetzt

Versuche während des Spaziergangs, nicht über Vergangenes nachzudenken oder Zukünftiges zu planen. Sei voll und ganz im Moment, bei der einfachen Handlung des Gehens.

Beende deinen Spaziergang mit Dankbarkeit

Wenn du zurückkommst, nimm dir einen Moment, um Dankbarkeit zu empfinden. Sei dankbar für die Möglichkeit, diesen Spaziergang zu machen, für die Schönheit der Natur und für die Stille, die du erleben durftest.

Ein achtsamer Spaziergang ist eine wunderbare Möglichkeit, die Adventszeit in ihrer vollen Pracht zu erleben und gleichzeitig inneren Frieden und Gelassenheit zu finden.

Wir hoffen, dass diese kleine Auszeit dir hilft, den Tag entspannt zu genießen.

Achtsamer Gedanke des Tages

„Ein achtsamer Schritt kann dir die ganze Welt eröffnen."

Frage 7

Wie könntest du nach einem stressigen Arbeitstag entspannen?

O   Sofort das Abendessen kochen
E   Eine Nachrichtensendung schauen
M   Eine kurze Yoga-Session
N   Online einkaufen

Die richtige Lösung ist der 20. Buchstabe des Lösungsworts.

Die Vorweihnachtszeit bewusst erleben

Tages REFLEXION

Heute ist:

Wie fühle ich mich heute?

Das war heute schön

Mein Grund dafür

Welche Sinneseindrücke habe ich beim Gehen erlebt?

Die Geschichte der Lichterkette

(Wissenswertes)

Wenn du in der Adventszeit durch die Straßen gehst und die Lichterketten in den Fenstern und an den Bäumen siehst, verspürst du eine besondere Wärme. Aber wusstest du, dass die Geschichte der Lichterkette bis ins 17. Jahrhundert zurückreicht? Damals begannen die Menschen, Kerzen an den Weihnachtsbaum zu hängen – eine symbolische Geste, um das Licht in die dunklen Wintermonate zu bringen.

Die ersten elektrischen Lichterketten wurden erst 1882 in den USA erfunden, und sie brachten nicht nur Sicherheit, sondern auch den Beginn einer neuen Tradition. Heute stehen Lichterketten für Wärme, Geborgenheit und die Magie der Adventszeit. Wenn du bei deinem nächsten Spaziergang durch die festlich beleuchteten Straßen gehst, nimm dir einen Moment, um das Licht in all seinen Facetten wahrzunehmen. Achte darauf, wie es den Schnee zum Glitzern bringt, wie es die Dunkelheit durchbricht und eine besondere Atmosphäre schafft.

Lichter sind nicht nur Dekoration – sie erinnern uns daran, in der hektischen Adventszeit innezuhalten und die kleinen Dinge zu schätzen, die unser Herz erleuchten. Ein achtsamer Spaziergang im Schein dieser Lichter kann zu einem Moment der Ruhe werden, der dir die Magie des Winters und der Adventszeit wieder ins Bewusstsein ruft.

8 - Achtsamkeit in der Familie

Momente der Nähe schaffen

Impuls 8 - Achtsamkeit in der Familie

Die Adventszeit ist ideal, um als Familie zusammenzukommen und bewusste Momente zu teilen. Wie genau kannst du Achtsamkeit gemeinsam mit deiner Familie praktizieren?

Hier sind einige Übungen und Tipps, um Achtsamkeit in dein Familienleben zu integrieren:

Gemeinsames Dekorieren

Nutze die Adventszeit, um gemeinsam mit deiner Familie zu dekorieren. Beim Schmücken des Hauses oder des Weihnachtsbaumes könnt ihr bewusst Zeit miteinander verbringen. Sprich mit deinen Liebsten über die Bedeutung der einzelnen Dekorationen, und schaffe so eine achtsame, verbindende Erfahrung.

Familien-Adventsrituale

Etabliere kleine Rituale wie das gemeinsame Anzünden der Adventskerzen oder das Singen von Weihnachtsliedern. Dies bringt die Familie zusammen und gibt jedem Familienmitglied das Gefühl von Zugehörigkeit.

Achtsame Gespräche

Nutze die gemeinsamen Mahlzeiten oder Abendstunden für achtsame Gespräche. Höre aktiv zu, ohne zu urteilen oder zu unterbrechen. Zeige Interesse an Gedanken und Gefühlen, und teile auch deine eigenen. Diese Art der Kommunikation fördert das Verständnis und die Nähe innerhalb der Familie.

Entspannungsübungen für die ganze Familie

Probiere einfache Entspannungsübungen oder Atemtechniken, die du zusammen mit deiner Familie durchführen kannst. Solche gemeinsamen Übungen können Stress abbauen und das Gefühl der Verbundenheit stärken.

Gemeinsame Achtsamkeitsübungen

Integriere einfache Achtsamkeitsübungen in euren Alltag. Das kann ein gemeinsamer Spaziergang in der Natur sein, bei dem ihr die Umgebung bewusst wahrnehmt, gemeinsames Backen oder Kochen. Achtet dabei ganz bewusst auf die verschiedenen Sinneserfahrungen.

Dankbarkeit als Familie praktizieren

Beginnt oder beendet jeden Tag mit einem kurzen Moment der Dankbarkeit. Jedes Familienmitglied darf etwas nennen, wofür es dankbar ist. Diese Praxis hilft, Positivität und Wertschätzung im Familienleben zu fördern.

Indem du diese Übungen und Tipps in dein Familienleben einbringst, könnt ihr gemeinsam eine tiefere Achtsamkeit erleben und die besondere Zeit der Adventszeit intensiver genießen.

Achtsamer Gedanke des Tages

„Achtsamkeit in der Familie stärkt die Verbindung, die uns trägt."

Frage 8

Wie kannst du den zweiten Adventssonntag achtsam gestalten?

F   Arbeit mit nach Hause bringen
D   Gemeinsames Keksebacken
W   Einkaufen gehen
U   Den Hund alleine spazieren lassen

Die richtige Lösung ist der 5. Buchstabe des Lösungsworts.

Momente der Nähe schaffen

Tages REFLEXION

Heute ist:

Wie fühle ich mich heute?

Das war heute schön

Mein Grund dafür

Wann habe ich heute Familiennähe bewusst gespürt?

Ein Geschenk, das bleibt

(Kurzgeschichte)

Es war ein hektischer Nachmittag in der Vorweihnachtszeit. Anna hatte das Gefühl, ihre To-Do-Liste würde niemals enden. Nach einem stressigen Arbeitstag kam sie nach Hause, doch anstatt sofort in den Haushaltsmodus zu schalten, hielt sie kurz inne. Ihre Kinder spielten friedlich im Wohnzimmer, der Duft von frisch gebackenen Keksen lag in der Luft, und das leise Summen von Weihnachtsliedern erfüllte den Raum.

Anna setzte sich zu ihnen und begann, ohne groß darüber nachzudenken, mit ihren Kindern Plätzchen zu verzieren. Lächelnd beobachtete sie, wie ihre Tochter begeistert bunte Streusel auf die Kekse streute. In diesem Moment spürte Anna eine tiefe Dankbarkeit. Die Hektik des Tages fiel von ihr ab, und sie erinnerte sich daran, dass es genau diese Momente sind, die bleiben – nicht die perfekten Geschenke, nicht der glanzvolle Weihnachtsbaum, sondern die einfachen, ruhigen Augenblicke der Nähe.

Sie wusste, dass ihre Kinder sich in Jahren nicht daran erinnern würden, wie aufgeräumt das Haus war oder wie perfekt die Kekse aussahen. Sie würden sich daran erinnern, wie sie zusammen gelacht, gebacken und die Zeit miteinander genossen hatten. Achtsamkeit in der Familie bedeutet, sich ganz bewusst auf die Menschen einzulassen, die einem am wichtigsten sind – und zu erkennen, dass die größten Geschenke oft die kleinsten Momente sind.

9 - Abendrituale im Advent

Den Tag ruhig ausklingen lassen

Impuls 9 - Achtsame Abendgestaltung

Die Adventszeit ist eine besondere Phase im Jahr, in der wir oft dazu neigen, uns im Trubel der Vorbereitungen zu verlieren. Heute laden wir dich ein, deine Abende während dieser festlichen Zeit bewusst zu gestalten.

Hier sind einige Ideen, wie du den Tag ausklingen lassen kannst.

Stimmungsvolles Licht

Beginne deinen Abend, indem du eine entspannte Atmosphäre schaffst. Zünde eine Kerze an oder nutze sanftes Licht, um eine ruhige, warme Umgebung zu kreieren. Das flackernde Kerzenlicht ist nicht nur symbolisch für die Adventszeit, sondern hilft auch, dich auf den Moment zu konzentrieren.

Dankbarkeitsjournal

Nimm dir ein paar Minuten Zeit, um ein Dankbarkeitstagebuch zu führen. Schreibe drei Dinge auf, für die du heute dankbar bist. Notiere dir auch, für welche drei Menschen – und/oder Tiere – in deinem Leben du heute besonders dankbar bist. Diese einfache Übung hilft dir, positive Aspekte deines Tages zu reflektieren und fördert ein Gefühl der Zufriedenheit.

Entspannende Musik

Höre entspannende Musik oder Weihnachtslieder, die dich in eine festliche Stimmung versetzen. Musik hat viel Kraft und kann ein wunderbares Mittel sein, um den Tag friedlich ausklingen zu lassen.

Achtsames Lesen

Verbringe etwas Zeit mit einem guten Buch. Wähle eines, das dich inspiriert oder entspannt. Lesen kann dir helfen, heraus aus dem Alltagsstress und hinein in das Hier & Jetzt zu kommen.

Entspannungsübungen

Vor dem Schlafengehen kannst du einfache Entspannungsübungen oder eine kurze Meditation durchführen. Konzentriere dich auf deinen Atem, lasse bewusst den Tag und damit alle Sorgen los. Diese Praxis kann dir helfen, besser zu schlafen und mit mehr Energie in den nächsten Tag zu starten.

Reflexion des Tages

Nimm dir einen Moment, um über den Tag nachzudenken. Was hat gut funktioniert? Was könntest du morgen anders machen? Diese Reflexion hilft dir, bewusster zu leben und jeden Tag als Chance zu sehen.

Indem du diese kleinen Rituale in deine Abendroutine integrierst, kannst du einen ruhigen Abschluss des Tages schaffen und die Adventszeit in ihrer vollen Tiefe erleben.

Wir hoffen, dass diese Tipps dir helfen, jeden Abend bewusst und mit Freude zu gestalten.

Achtsamer Gedanke des Tages

„Ein ruhiger Abend ist der Beginn eines friedlichen Schlafs und eines gelassenen neuen Tages."

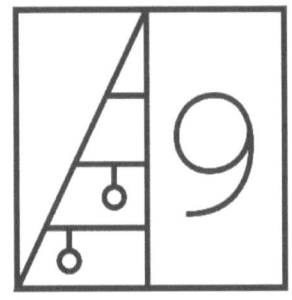

Frage 9

Welche Achtsamkeitsaktivität fördert das Familienleben?

X   Jeder beschäftigt sich mit seinem Handy

R   Gemeinsames Abendessen ohne Elektronik

M   Über die Arbeit sprechen

A   Hausaufgaben machen

Die richtige Lösung ist der 7. Buchstabe des Lösungsworts.

Den Tag ruhig ausklingen lassen

Tages REFLEXION

Heute ist:

Wie fühle ich mich heute?

Das war heute schön

Mein Grund dafür

Wie habe ich den Tag achtsam beendet?

Der Zauber der Kerzen

(Anekdote)

Es gibt eine besondere Magie im Schein von Kerzenlicht, besonders in der Adventszeit. Für Maria war es seit ihrer Kindheit ein festes Ritual gewesen: Jeden Abend im Dezember zündete ihre Familie Kerzen am Adventskranz an. Es war das letzte, was sie taten, bevor sie zu Bett gingen – ein Moment der Stille, des Innehaltens, der Besinnung. Die Flammen der Kerzen tanzten sanft im Raum und schienen die Sorgen des Tages zu vertreiben.

Jetzt, viele Jahre später, führte Maria dieses Ritual mit ihrer eigenen Familie fort. Nach einem langen Tag, an dem die Kinder aufgeregt durch das Haus getobt waren und die Arbeit sie an ihre Grenzen gebracht hatte, war das Anzünden der Kerzen wie ein Zeichen für Ruhe. Sie setzten sich alle um den Tisch, sprachen vielleicht ein paar Worte über den Tag oder schwiegen einfach nur, während sie das warme Licht betrachteten.

Dieses einfache Ritual brachte ihnen nicht nur die Wärme der Kerzen, sondern auch die Wärme zueinander. Es war ein stiller Moment der Verbindung – ein gemeinsames Anhalten im Trubel des Alltags. Für Maria war es jedes Mal wie ein tiefes Ausatmen, ein Loslassen. In diesen Augenblicken spürte sie, dass die Adventszeit nicht nur auf das große Fest zusteuerte, sondern auch kleine, kostbare Momente des Friedens und der Geborgenheit bereithielt. Und es waren diese stillen Abende, die die Adventszeit so besonders machten.

10 - Kommunikation im Beruf

Mit Achtsamkeit zu mehr Harmonie

Impuls 10 - Kommunikation im Beruf

Heute wollen wir uns auf einen wesentlichen Aspekt des menschlichen Lebens konzentrieren: die Kommunikation. Im Beruf kann die Adventszeit besonders hektisch sein. Durch achtsame Kommunikation kannst du eine Atmosphäre der Ruhe und des Verständnisses schaffen.

Hier sind einige Tipps, wie du bewusst und empathisch im Arbeitsumfeld kommunizierst:

Aktives Zuhören

Beginne damit, aktiv zuzuhören. Dies bedeutet, deinen Kollegen und Mitarbeitern deine volle Aufmerksamkeit zu schenken, ohne voreilig zu urteilen oder Antworten zu planen. Achte auf ihre Worte und auch auf ihre nonverbalen Zeichen. Aktives Zuhören zeigt Wertschätzung und fördert ein tieferes Verständnis.

Klarheit in der Kommunikation

Sei in deinen Aussagen klar und präzise. Vermeide Missverständnisse, indem du deutlich ausdrückst, was du meinst. Klare Kommunikation hilft, Konflikte zu vermeiden und effizient zu arbeiten, besonders in stressigen Zeiten.

Empathie zeigen

Versuche, dich in die Situation deiner Kollegen hineinzuversetzen. Empathie in der Kommunikation kann dazu beitragen, Spannungen abzubauen und ein unterstützendes Arbeitsumfeld zu schaffen. Erkenne die

Belastungen, insbesondere jetzt in der Adventszeit, und sei verständnisvoll.

Positive Sprache nutzen

Verwende positive Formulierungen, um eine konstruktive Atmosphäre zu fördern. Versuche immer wieder, dich unterstützend zu äußern. Positive Kommunikation kann die Arbeitsmotivation steigern und zu einer angenehmeren Arbeitsumgebung beitragen.

Pausen in Gesprächen

Gib dir und deinen Gesprächspartnern Raum. Pausen in Gesprächen ermöglichen es, Gedanken zu sammeln und bewusst zu antworten. Dies hilft, Überreaktionen zu vermeiden.

Dankbarkeit ausdrücken

Nutze die Gelegenheit, Dankbarkeit gegenüber deinen Kollegen und Mitarbeitern auszudrücken. Ein einfaches „Danke" für ihre Arbeit oder Unterstützung kann eine große Wirkung haben und die Beziehungen am Arbeitsplatz stärken.

Indem du diese Tipps für achtsame Kommunikation in deinem Berufsalltag anwendest, kannst du nicht nur deine Beziehungen am Arbeitsplatz verbessern, sondern auch zu einer ruhigeren, produktiveren und angenehmeren Atmosphäre beitragen.

Nutze diese Adventszeit, um bewusster zu kommunizieren und einen positiven Einfluss auf dein Arbeitsumfeld zu haben.

Achtsamer Gedanke des Tages

„Worte, die mit Achtsamkeit gewählt werden, bauen Brücken.“

Frage 10

Welche Achtsamkeitsübung kannst du beim Spaziergang mit dem Hund üben?

K   In Gedanken To-do-Listen durchgehen
E   Auf den Atem achten
G   Schnell gehen
S   Telefonieren

Die richtige Lösung ist der 22. Buchstabe des Lösungsworts.

Mit Achtsamkeit zu mehr Harmonie

Tages REFLEXION

Heute ist:

Wie fühle ich mich heute?

Das war heute schön

Mein Grund dafür

Wie hat achtsame Kommunikation meinen Tag beeinflusst?

Achtsame Worte verändern den Tag

(Wissenswertes)

Die Vorweihnachtszeit bringt oft zusätzlichen Stress – beruflich wie privat. In dieser Hektik vergessen wir leicht, wie mächtig Worte sein können. Eine achtsame Kommunikation im Beruf kann den Unterschied machen. Studien zeigen, dass bewusste und freundliche Kommunikation nicht nur Missverständnisse vermeidet, sondern auch die Atmosphäre im Büro positiv beeinflusst.

Achtsame Kommunikation bedeutet, sich Zeit zu nehmen, bevor man spricht. Es ist das bewusste Wahrnehmen des eigenen Tons, der Worte und des Gegenübers. Vielleicht ist es der Kollege, der gerade eine stressige Phase durchmacht, oder die Mitarbeiterin, die sich überfordert fühlt. Ein freundliches „Wie geht es dir?" oder eine kleine Anerkennung kann mehr bewirken als wir oft denken.

In der Vorweihnachtszeit, wenn die Deadlines eng und die Nerven angespannt sind, helfen uns achtsame Worte, uns wieder mit den Menschen um uns herum zu verbinden – und auch mit uns selbst. Anstatt im Stress zu reagieren, laden achtsame Worte dazu ein, einen Moment innezuhalten und bewusst zu kommunizieren. Die Wirkung ist unmittelbar: ein friedlicherer Tag, eine freundlichere Umgebung, ein Gefühl von Verbundenheit, auch im hektischsten Arbeitsumfeld.

11 - Stressabbau durch Atemübungen

In der Ruhe liegt die Kraft

Impuls 11 - Stressabbau durch Atemübungen

Atemübungen sind eine effektive Methode, um in der hektischen Adventszeit Momente der Ruhe zu finden und Stress abzubauen.

Heute stellen wir dir einfache Atemtechniken vor, die dir helfen können, Anspannung zu reduzieren und dich auf die Freude der Adventszeit zu konzentrieren.

Die 4-7-8-Atemtechnik

Diese Technik ist bekannt für ihre entspannende Wirkung. Atme für vier Sekunden durch die Nase ein, halte den Atem für sieben Sekunden, und atme dann für acht Sekunden langsam durch den Mund aus. Wiederhole diese Übung drei bis vier Mal. Sie hilft, innere Ruhe wiederherzustellen.

Bauchatmung

Setze dich bequem hin, und lege eine Hand auf deinen Bauch. Atme tief durch die Nase ein, so dass dein Bauch sich hebt, und atme dann langsam durch den Mund aus, während sich dein Bauch wieder senkt. Diese Form der Atmung fördert die Entspannung und kann besonders in stressigen Momenten hilfreich sein.

Achtsames Atmen

Nimm dir ein paar Minuten Zeit, um einfach nur auf deinen Atem zu achten. Fühle, wie die Luft ein- und ausströmt, und versuche, alle anderen Gedanken loszulassen. Diese Form der Achtsamkeit kann helfen, zu beruhigen und Stress zu reduzieren.

Atemübungen im Freien

Nutze die Gelegenheit, draußen in der Natur Atemübungen zu praktizieren. Frische Luft und eine ruhige Umgebung können die Wirkung der Übungen verstärken.

Atemübungen vor dem Schlafengehen

Vor dem Schlafengehen sind Atemübungen eine großartige Möglichkeit, den Tag ruhig ausklingen zu lassen. Sie können dir helfen, schneller einzuschlafen und einen erholsameren Schlaf zu haben.

Diese einfachen Atemtechniken können dich dabei unterstützen, Stress abzubauen und einen Zustand tiefer Entspannung zu erreichen. Nutze sie, um dir während der Adventszeit Momente voller Ruhe und Gelassenheit zu schaffen.

Achtsamer Gedanke des Tages

„Atme ein, um Frieden zu spüren. Atme aus, um Stress loszulassen."

Frage 11

Wie kannst du morgens vor dem Aufwachen der Kinder Achtsamkeit praktizieren?

F   Sofort E-Mails checken
G   Schnell duschen und anziehen
H   Ein paar Minuten meditieren
I   Frühstück vorbereiten

Die richtige Lösung ist der 16. Buchstabe des Lösungsworts.

In der Ruhe liegt die Kraft

Tages REFLEXION

Heute ist:

Wie fühle ich mich heute?

Das war heute schön

Mein Grund dafür

Wie haben Atemübungen heute meinen Stress reduziert?

Der erste Schnee

(Kurzgeschichte)

Sophie stand am Fenster ihres Büros und beobachtete den ersten Schnee, der in dichten Flocken vom Himmel fiel. Es war ein langer Tag gewesen, gefüllt mit E-Mails, Meetings und unzähligen Aufgaben, die noch auf sie warteten. Doch dieser Anblick – der Schnee, der die Straßen langsam in eine weiße Decke hüllte – ließ sie innehalten.

Plötzlich erinnerte sie sich an eine Atemübung, die sie einmal gelernt hatte. Sie schloss die Augen und konzentrierte sich auf ihren Atem. Tief einatmen. Langsam ausatmen. Bei jedem Ausatmen stellte sie sich vor, wie der Stress ihren Körper verließ, wie die Kälte des Winters alles Schwere mit sich nahm. Sie öffnete die Augen wieder und sah, wie der Schnee sanft auf den Asphalt fiel. Alles war so ruhig, so friedlich.

Diese Atemübung war nicht mehr als ein paar Minuten, doch sie hatte das Gefühl, als hätte sie eine Pause vom Stress gefunden. Der erste Schnee, der oft als Symbol für den Neubeginn gilt, erinnerte sie daran, dass es möglich war, auch mitten im Trubel des Alltags einen Moment der Stille zu finden. Mit jedem Atemzug fühlte sie, wie der Stress nachließ. Und als sie sich schließlich wieder ihrem Schreibtisch zuwandte, spürte sie eine neue Gelassenheit.

12 - Achtsames Erleben der Adventszeit

Die Magie der kleinen Momente

Impuls 12 - Achtsames Erleben der Adventszeit

Wie kannst du die besondere Atmosphäre der Adventszeit achtsam wahrnehmen und in vollen Zügen genießen?

Genieße die Lichter und Dekorationen

Nimm dir Zeit, um die Beleuchtung und Dekorationen in deiner Umgebung bewusst wahrzunehmen. Achte auf die Farben, Formen und das Spiel des Lichts. Lasse dich von der Stimmung einfangen, und spüre, was sie in dir auslöst.

Adventsduft wahrnehmen

Die Adventszeit ist reich an Düften – von Zimt, Kardamom und Nelken bis hin zu frisch gebackenen Plätzchen und Tannengrün. Nimm dir immer wieder Momente, um diese Düfte tief einzuatmen und zu genießen. Nimm die zahlreichen Gerüche in deinem Zuhause und in der Natur wirklich wahr.

Höre Weihnachtsmusik

Advents- und Weihnachtslieder können eine besondere Stimmung erzeugen. Höre bewusst zu, vielleicht sogar bei Kerzenschein, und lasse die Melodien auf dich wirken. Singen oder Musizieren sind ebenfalls gute Möglichkeiten, die Adventszeit im Moment zu erleben.

Beobachte die Natur

Wie verändert sich die Natur in diesen Wochen? Achte auf die blattlosen Bäume, den frühen Sonnenuntergang, die Schneeflocken. Diese Wahrnehmung der Veränderungen mit allen Sinnen hilft, den Wechsel der Jahreszeiten bewusst zu erleben.

Traditionen und Rituale pflegen

Die Adventszeit ist reich an Traditionen und Ritualen. Ob beim Anzünden des Adventskranzes, beim Plätzchenbacken oder beim Verfassen von Weihnachtspost – all das unterstützt dabei, die Adventszeit bewusst zu erleben und zu genießen.

Innere Besinnung

Nutze die Adventszeit für Momente der inneren Einkehr. Vielleicht möchtest du ein Adventstagebuch führen, in welchem du deine Gedanken und Gefühle während dieser besonderen Zeit festhältst. Dies kann wertvoll sein, um über das vergangene Jahr nachzudenken und sich auf das kommende Jahr vorzubereiten.

Indem du diese Anregungen umsetzt, kannst du die Adventszeit auf eine ganz besondere und achtsame Weise erleben.

Achtsamer Gedanke des Tages

„Das Geheimnis der Adventszeit liegt im bewussten Erleben der kleinen, magischen Momente."

Frage 12

Wie kannst du Achtsamkeit üben, während du auf deine Kinder wartest?

A   Social-Media-Scrollen
T   Ein Achtsamkeitsbuch lesen
E   Über unerledigte Aufgaben grübeln
M   Planen, was als Nächstes zu tun ist

Die richtige Lösung ist der 24. Buchstabe des Lösungsworts.

Die Magie der kleinen Momente

Tages REFLEXION

Heute ist:

Wie fühle ich mich heute?

Das war heute schön

Mein Grund dafür

Welcher Moment hat für mich heute Magie eingefangen?

Ein Moment der Dankbarkeit

(Kurzgeschichte)

Es war ein Sonntag im Advent, und Anna saß mit ihrer Familie am Esstisch. Das Kerzenlicht des Adventskranzes flackerte sanft, und im Hintergrund spielte leise Weihnachtsmusik. Die Kinder lachten, die Luft war erfüllt vom Duft frisch gebackener Plätzchen, und draußen fielen die ersten Schneeflocken.

Während sie ihre Kinder beobachtete, fühlte Anna plötzlich eine tiefe Dankbarkeit in sich aufsteigen. In den letzten Wochen war alles so schnell gegangen – die Arbeit, die Vorbereitungen für Weihnachten, der alltägliche Stress. Doch in diesem Moment, in der Wärme ihrer Familie, spürte sie, wie wertvoll diese Zeit war. Es waren keine großen Geschenke oder besonderen Ereignisse, die diesen Moment besonders machten. Es war die schlichte Tatsache, dass sie zusammen waren, dass sie gemeinsam lachten und diese Adventszeit miteinander erlebten.

Anna lehnte sich zurück und atmete tief ein. Sie nahm sich vor, in der restlichen Adventszeit öfter solche Momente der Dankbarkeit bewusst zu spüren. Es war leicht, sich von der Hektik der Vorweihnachtszeit mitreißen zu lassen, doch sie wollte sich erinnern – an die kleinen, stillen Augenblicke, die den wahren Zauber der Adventszeit ausmachten. Heute war ein solcher Moment, und sie würde ihn festhalten.

13 - Balance im Berufsalltag

Achtsamkeit zwischen Job und Familie

Impuls 13 - Balance im Berufsalltag

Welche Strategien kannst Du anwenden, um während der Adventszeit eine bessere Work-Life-Integration zu erreichen? Darum geht es in diesem Kapitel.

Prioritäten setzen

In der Adventszeit kann es besonders herausfordernd sein, Beruf und Privatleben unter einen Hut zu bekommen. Beginne deinen Arbeitstag, indem du Prioritäten setzt. Überlege dir, welche Aufgaben am wichtigsten sind. Und strukturiere deinen Tag entsprechend.

Pausen bewusst nutzen

Nutze deine Pausen, um wirklich abzuschalten. Verbringe Zeit an der frischen Luft, genieße einen Spaziergang oder meditiere kurz. Das hilft dir, deine ´Batterien´ aufzuladen und den Arbeitstag entspannter fortzusetzen.

Kommunikation mit Kollegen

Nutze die Adventszeit, um die Beziehung zu deinen Kollegen zu pflegen. Ein kurzer Plausch über Weihnachtspläne oder ein gemeinsamer Adventskaffee kann die Stimmung heben und das Teamgefühl stärken.

Flexible Arbeitszeiten

Falls möglich, sprich mit deinem Arbeitgeber über flexible Arbeitszeiten während der Adventszeit. So kannst du vielleicht am Nachmittag oder Abend mehr Zeit für familiäre Adventsaktivitäten zu haben.

Arbeitsplatz gestalten

Bringe ein wenig Adventsstimmung an deinen Arbeitsplatz. Eine kleine Weihnachtsdekoration, ein Bild oder ein Adventskalender können dabei helfen, eine entspannte und festliche Atmosphäre zu schaffen.

Grenzen setzen

Lerne, 'Nein' zu sagen. Wenn du merkst, dass die Arbeitsbelastung zu hoch wird, sprich mit deinem Vorgesetzten oder Kollegen darüber. Es ist wichtig, deine eigenen Grenzen zu erkennen und zu respektieren.

Feierabendritual

Etabliere ein Ritual, um den Arbeitstag abzuschließen. Das kann das Aufräumen des Schreibtisches sein oder ein paar Minuten der Stille. So kannst du die Arbeit loslassen und dich auf den Abend zu Hause einstimmen.

Achtsamkeitsübungen

Integriere kurze Achtsamkeitsübungen in deinen Arbeitsalltag. Ein paar tiefe Atemzüge oder eine kurze Meditation können helfen, Stress abzubauen und die Konzentration zu verbessern.

Indem du diese Strategien anwendest, kannst du auch in der hektischen Vorweihnachtszeit Balance im Berufsleben finden und deine Work-Life-Integration verbessern.

Achtsamer Gedanke des Tages

„Echte Balance findest du nicht im Außen, sondern in dir selbst.“

Frage 13

Was ist ein guter Weg, um nach der Arbeit mit deinem Hund zu entspannen?

A   Eine weitere Arbeits-E-Mail schreiben
T   Eine schnelle Runde um den Block
E   Bewusstes Gehen und Atmen
M   Den Hund alleine im Garten lassen

Die richtige Lösung ist der 6. Buchstabe des Lösungsworts.

Achtsamkeit zwischen Job und Familie

Tages REFLEXION

Heute ist:

Wie fühle ich mich heute?

Das war heute schön

Mein Grund dafür

Wie habe ich heute Balance zwischen Job & Familie gefunden?

Der Moment im Park

(Kurzgeschichte)

Es war ein Dezembertag, und Jonas war wie so oft überfordert. Zwischen Job, Weihnachtsvorbereitungen und Erledigungen schien kein Raum für eine Pause zu bleiben. Seine Gedanken rasten – die Präsentation, die Geschenke, der Elternabend.

Als er in sein Auto steigen wollte, fiel sein Blick auf den Park gegenüber. Normalerweise lief er daran vorbei, aber heute setzte er sich auf eine Bank. Der kalte Wind, die kahlen Bäume und die Stille hüllten ihn ein. Für einen Moment ließ er all den Stress los und atmete tief ein.

Nun spürte er, was ihm gefehlt hatte: Balance. Nicht der perfekte Feierabend, sondern dieser Moment des Innehaltens, mitten im Tag. Nach wenigen Minuten stand Jonas auf, fühlte sich ruhiger und bereit, weiterzumachen. Der Stress war noch da, aber er war bereit, ihm gelassener zu begegnen.

Balance im Alltag findet man nicht durch weniger Arbeit, sondern in kleinen, bewussten Pausen – wie einem Moment im Park, der die innere Ruhe zurückbringt.

14 - Achtsames Wochenende

Zwei Tage voller Entspannung

Impuls 14 - Achtsames Wochenende

Wir laden dich dazu ein, am kommenden Wochenende zwei Tage voller Entspannung und Achtsamkeit zu erleben.

Hier sind einige Vorschläge, wie du dein Wochenende besonders achtsam gestalten kannst:

Langsamer Start

Beginne dein Wochenende ohne Eile. Gönne dir ein langsames Aufwachen, vielleicht mit einer Tasse Tee oder Kaffee im Bett. Erlaube dir, diesen Moment der Ruhe zu genießen, bevor du den Tag beginnst.

Naturerlebnisse

Verbringe so viel Zeit wie möglich in der Natur. Ein Spaziergang durch einen nahe gelegenen Wald oder Park kann dir helfen, den Kopf frei zu bekommen und die natürliche Schönheit der Adventszeit zu genießen.

Kreative Auszeit

Finde Zeit für ein kreatives Hobby. Ob Malen, Basteln oder Backen von Weihnachtskeksen – kreative Tätigkeiten können sehr entspannend sein und helfen, im Moment zu bleiben.

Familienaktivitäten

Verbringe bewusste Zeit mit deiner Familie. Das kann ein gemeinsamer Spieleabend, das Schmücken des Weihnachtsbaums oder eine gemeinsame Lesestunde bei Kerzenschein sein.

Digital Detox

Versuche, für einige Stunden oder sogar den ganzen Tag auf digitale Medien zu verzichten. Diese kleine Auszeit von der ständigen Erreichbarkeit kann sehr befreiend sein und dir helfen, dich auf das Wesentliche zu konzentrieren.

Achtsames Kochen und Essen

Bereite eine Mahlzeit mit Achtsamkeit zu. Verwende hierzu alle deine Sinne. Konzentriere dich auf die Zubereitung der Speisen, und genieße das Essen ohne Ablenkung. Gemeinsame Mahlzeiten mit der Familie können die Höhepunkte des Wochenendes sein.

Zeit für Reflexion

Nutze das Wochenende, um über die vergangene Woche nachzudenken und dich auf die kommende Woche vorzubereiten. Schreibe vielleicht in ein Tagebuch. Und plane deine Ziele und Wünsche für die neue Woche.

Entspannungsübungen

Praktiziere Entspannungsübungen wie Yoga, Meditation oder einfache Atemübungen. Solche Übungen können dir helfen, Stress abzubauen und dich erholt zu fühlen.

Ein achtsames Wochenende ermöglicht es dir, die Adventszeit in vollen Zügen zu genießen und dich dir Wichtiges zu besinnen. Unsere Vorschläge werden dir dabei helfen, ein entspanntes und erfülltes Wochenende zu erleben.

Achtsamer Gedanke des Tages

„Das Wochenende ist eine Einladung, die Welt für einen Moment langsamer zu drehen."

Frage 14

Wie kannst du Achtsamkeit in deinen Arbeitsalltag integrieren?

S   Durch Multitasking
O   Eine schnelle Kaffeepause
L   Bewusstes Innehalten und Atmen
E   Über zukünftige Projekte nachdenken

Die richtige Lösung ist der 8. Buchstabe des Lösungsworts.

Zwei Tage voller Entspannung

Tages REFLEXION

Heute ist:

Wie fühle ich mich heute?

Das war heute schön

Mein Grund dafür

Wie habe ich diesen Tag entspannt erlebt?

Wo Perfektionismus endet

Die Adventszeit ist oft eine Zeit voller To-Do-Listen: Geschenke kaufen, das Haus dekorieren, Plätzchen backen und Familienbesuche planen. Doch viele von uns verfallen dabei in einen Strudel aus Perfektionismus – alles muss „perfekt" sein. Perfekt dekoriert, perfekt organisiert, perfekt geplant. Aber wann wird der Perfektionismus zu einem Stressfaktor, der uns die Freude am Advent raubt?

Wissenschaftler haben festgestellt, dass Perfektionismus oft zu Unzufriedenheit und Erschöpfung führt. Anstatt uns auf das zu konzentrieren, was wirklich zählt – die Zeit mit der Familie, die ruhigen Momente des Beisammenseins – jagen wir einem Ideal hinterher, das uns keine Erfüllung bringt. Die Wahrheit ist, dass die perfekte Weihnachtsvorbereitung eine Illusion ist.

Der Schlüssel zu entspannteren Weihnachtsvorbereitungen liegt darin, Prioritäten zu setzen und sich auf das Wesentliche zu fokussieren. Was macht die Adventszeit für dich und deine Familie wirklich aus? Vielleicht ist es das gemeinsame Plätzchenbacken, das Lachen der Kinder, die heimelige Atmosphäre. Perfektionismus endet, wenn wir erkennen, dass Weihnachten nicht von den makellosen Details lebt, sondern von den echten, herzlichen Momenten.

15 - Achtsame Feiertagsvorbereitungen

Stressfrei Weihnachten planen

Impuls 15 – Achtsame Feiertagsvorbereitungen

Heute dreht sich alles um achtsame Feiertagsvorbereitungen

Die Organisation der Feiertage kann energieraubend sein - mit ein paar Achtsamkeitstipps kannst du sie genussvoller und stressfreier gestalten.

Frühzeitige Planung

Beginne frühzeitig mit den Vorbereitungen. Eine Planung kann den Stress erheblich reduzieren und dir mehr Raum für Entspannung in der Adventszeit geben.

Prioritäten setzen

Überlege dir, was dir und deiner Familie am wichtigsten ist. Konzentriere dich auf diese Elemente, und verzichte darauf, alles perfekt machen zu wollen.

Einfachheit bewahren

Weniger ist mehr. Überlege, ob es traditionelle Aktivitäten oder Dekorationen gibt, die vereinfacht werden können, um dir mehr Ruhe und Freude zu bringen.

Delegation

Teile die Aufgaben auf. Jedes Familienmitglied kann einen wichtigen Teil beitragen. Dies nimmt nicht nur dir Druck weg, sondern fördert auch ein Gefühl der Gemeinschaft und des Miteinanders.

Achtsame Einkäufe

Vermeide den vorweihnachtlichen Einkaufsstress, indem du achtsam und geplant einkaufst. Erstelle eine Einkaufsliste, und versuche, Einkäufe zu Zeiten zu erledigen, in denen es weniger hektisch in den Geschäften zugeht.

Entspannung einplanen

Denke daran, Entspannungszeiten einzuplanen. Ob ein kurzer Spaziergang, eine Tasse Tee oder einfach nur ein Moment der Stille – Pausen sind essenziell.

Traditionen hinterfragen

Überlege, welche Traditionen dir wirklich wichtig sind und welche du vielleicht loslassen möchtest. Manchmal entdecken wir in der Besinnung auf das Wesentliche neue, erfüllendere Wege, die Feiertage zu begehen.

Dankbarkeit üben

Sei dankbar für das, was du hast, und für die Möglichkeit, die Feiertage mit deinen Liebsten zu verbringen. Dankbarkeit hilft, den Fokus von dem, was fehlt, auf das, was vorhanden ist, zu verlagern.

Zeit für dich

Vergiss nicht, dir auch Zeit für dich selbst zu nehmen. Selbst in der geschäftigsten Zeit ist es wichtig, dich um dein eigenes Wohlbefinden zu kümmern.

Flexibilität bewahren

Sei bereit, Pläne zu ändern, wenn es nötig ist. Flexibilität kann helfen, den Stress zu reduzieren und dich an unvorhergesehene Situationen anzupassen.

Indem du diese Tipps umsetzt, kannst du die Feiertagsvorbereitungen in eine Zeit der Freude und Achtsamkeit verwandeln.

Genieße jeden Moment dieser besonderen Zeit und erinnere dich daran, dass es die kleinen Dinge sind, welche die schönsten Erinnerungen schaffen.

Achtsamer Gedanke des Tages

„Wahre Vorfreude entsteht nicht durch Perfektion,
sondern durch Gelassenheit."

Frage 15

Was ist eine achtsame Aktivität für den dritten Advent?

K   Online shoppen
I   Einen adventlichen Spaziergang machen
M   Arbeiten
N   Das Haus putzen

Die richtige Lösung ist der 9. Buchstabe des Lösungsworts.

Stressfrei Weihnachten planen

Tages REFLEXION

Heute ist:

Wie fühle ich mich heute?

Das war heute schön

Mein Grund dafür

Was hat meine Vorbereitungen heute stressfreier gemacht?

Das Geheimnis der stillen Nacht

Zeit für sich selbst schaffen

(Anekdote)

Es war ein kalter Abend im Advent, als Marie nach einem langen Arbeitstag nach Hause kam. Ihre Kinder waren bereits ins Bett gegangen, das Haus lag ruhig und still. Sie spürte die Erschöpfung in ihren Schultern, den Druck der vergangenen Wochen, in denen sich Arbeit und Weihnachtsvorbereitungen aufgetürmt hatten. Normalerweise hätte sie den Laptop aufgeschlagen und noch ein paar E-Mails beantwortet – aber nicht heute.

Stattdessen ging Marie ins Wohnzimmer, zündete die Kerzen am Adventskranz an und setzte sich mit einer warmen Decke auf das Sofa. Der Raum war von einem sanften Kerzenlicht erfüllt, und die Stille des Abends legte sich wie eine beruhigende Decke über sie. Es war der erste Moment seit Wochen, den sie sich ganz bewusst nur für sich nahm. Kein Lärm, keine To-Do-Liste, nur sie und der Moment.

Während sie dem flackernden Licht zusah, spürte sie, wie die Anspannung von ihr abfiel. Es war, als ob die Stille des Raumes sie in die Arme nahm. In der Hektik des Alltags hatte sie fast vergessen, wie wohltuend diese Augenblicke sein konnten. Zeit für sich selbst zu schaffen, das Geheimnis der **stillen Nacht** zu erleben, war kein Luxus – es war eine Notwendigkeit.

Dieser Moment erinnerte sie daran, dass es nicht nur darum ging, für ihre Familie und ihre Arbeit da zu sein, sondern auch für sich selbst. Denn nur wenn sie sich diese stillen, achtsamen Momente gönnte, konnte sie mit neuer Energie und Gelassenheit in die kommenden Tage starten. Die stille Nacht war nicht nur ein Lied – es war ein Geschenk, das sie sich selbst machte.

16 - Achtsamkeit im Umgang mit Herausforderungen

Gelassen durch den Advent

Impuls 16 - Achtsamkeit im Umgang mit Herausforderungen

Heute geht es um den achtsamen Umgang mit Herausforderungen. Die Adventszeit kann oft mit Stress sowie hohen Erwartungen verbunden sein.

Hier sind einige Anleitungen, wie du in herausfordernden Situationen gelassen und achtsam bleiben kannst:

Anerkennen und Akzeptieren

Erkenne an, dass Herausforderungen ein normaler Teil des Lebens sind. Versuche, die Situation nicht zu bewerten, sondern sie so anzunehmen, wie sie ist.

Achtsame Pausen

Wenn du dich überwältigt fühlst, nimm dir eine kurze Pause. Ein paar Minuten der Stille können helfen, deine Gedanken zu sammeln und deine Emotionen wahrzunehmen.

Fokussierte Atmung

Konzentriere dich in stressigen Momenten auf deine Atmung. Tiefes Ein- und Ausatmen beruhigt und lässt dich einen klaren Blick auf die Situation gewinnen.

Prioritäten setzen

Frage dich, was wirklich wichtig ist. Oft sind es die kleinen Dinge, die zählen - Zeit mit lieben Menschen, Überraschungen des Adventsalltags.

Positive Selbstgespräche

Ersetze negative Gedanken durch positive Glaubenssätze. Sage dir selbst, dass du die Fähigkeit hast, mit der Situation umzugehen.

Realistische Erwartungen

Setze dir realistische Ziele und Erwartungen. Es ist okay, nicht alles perfekt zu machen, besonders während der oft hektischen Adventstage.

Grenzen setzen

Lerne, ´Nein´ zu sagen, wenn es nötig ist. Es ist wichtig, deine eigenen Grenzen zu kennen und zu respektieren.

Dankbarkeit üben

Konzentriere dich auf das, wofür du dankbar bist. Dankbarkeit kann helfen, deinen Fokus von den Problemen weg und hin zu den positiven Aspekten deines Lebens zu lenken.

Visualisierung

Stelle dir ganz genau vor, wie du die Herausforderung erfolgreich meisterst. Diese Visualisierung kann dir helfen, Selbstvertrauen und innere Ruhe zu finden.

Indem du diese Praktiken sukzessive anwendest, kannst du lernen, Herausforderungen mit mehr Gelassenheit und Achtsamkeit zu begegnen. Erinnere dich daran, dass jeder Tag des Advents eine Chance ist, zu wachsen und zu lernen.

Achtsamer Gedanke des Tages

„Herausforderungen verlieren ihren Schrecken, wenn du ihnen mit Achtsamkeit begegnest."

Frage 16

Wie kannst du beim Abendessen Achtsamkeit praktizieren?

B   Über die Arbeit reden
E   Auf das Essen achten und jeden Bissen genießen
L   Schnell essen, um fertig zu werden
O   Fernsehen während des Essens

Die richtige Lösung ist der 12. Buchstabe des Lösungsworts.

Gelassen durch den Advent

Tages REFLEXION

Heute ist:

Wie fühle ich mich heute?

Das war heute schön

Mein Grund dafür

Wie bin ich heute gelassen geblieben?

Ein Nachmittag in der Bäckerei

(Kurzgeschichte)

Es war ein kalter Nachmittag im Advent, und die Straßen der Stadt waren voll von eilenden Menschen, die ihre Weihnachtseinkäufe erledigten. Für Laura jedoch stand etwas anderes auf dem Plan: ein Besuch in der Bäckerei mit ihren beiden Kindern. Zwischen Arbeit, Terminen und Vorbereitungen für Weihnachten hatte sie kaum Zeit gefunden, bewusst mit ihren Kindern etwas zu unternehmen. Doch heute war anders.

Die Bäckerei war warm und duftete nach frischem Gebäck und Zimt. Ihre Kinder, Jonas und Lea, drückten ihre Nasen gegen die gläserne Theke und zeigten auf die bunten Kekse. Laura beobachtete sie lächelnd und spürte, wie der Stress der letzten Tage langsam von ihr abfiel. Es war ein einfacher Moment, aber einer, der ihr zeigte, wie wichtig diese kleinen, bewussten Auszeiten mit der Familie sind.

Während sie zusammen heiße Schokolade tranken und sich gegenseitig lustige Geschichten erzählten, erkannte Laura, dass es nicht die großen, aufwändigen Events waren, die die Verbindung zu ihrer Familie stärkten. Es waren Momente wie dieser – gemeinsam in einer Bäckerei sitzen, lachen, einfach da sein. Sie hatte gelernt, dass es möglich war, Beruf und Familie zu verbinden, wenn man sich bewusst für solche Augenblicke entschied.

Am Ende des Nachmittags fühlte sie sich erfüllt. Sie hatte erkannt, dass es nicht die Aufgabenlisten sind, die den Advent ausmachen, sondern die Zeit, die man mit den Menschen verbringt, die einem am meisten bedeuten.

17 - Selbstfürsorge im Advent

Zeit für dich selbst schaffen

Impuls 17 - Selbstfürsorge im Advent

Heute widmen wir uns der Selbstfürsorge. Die Adventszeit kann oft hektisch sein, und es ist wichtig, insbesondere in diesen Tagen auf dich selbst zu achten.

Hier sind einige Tipps, wie du deine eigene Gesundheit und dein Wohlbefinden in den Mittelpunkt stellen kannst:

Zeit für dich

Plane bewusst Zeit für dich selbst ein. Ob es ein entspannendes Bad, ein ruhiger Spaziergang oder einfach ein Moment der Stille ist – nutze diese Zeit, um zu dir selbst zu finden.

Gesunde Ernährung

Versuche, trotz der Leckereien eine ausgewogene Ernährung beizubehalten. Integriere frisches, möglichst saisonales Obst und Gemüse in deine Mahlzeiten, genieße Süßigkeiten in Maßen.

Ausreichend Schlaf

Stelle sicher, dass du genug Schlaf bekommst. Ein erholsamer Schlaf ist grundlegend für dein Wohlbefinden und hilft dir, die Herausforderungen des Alltags besser zu bewältigen.

Bewegung und frische Luft

Bewege dich regelmäßig. Ob ein Spaziergang an der frischen Luft oder eine sanfte Yoga-Session zu Hause – Bewegung ist hilfreich für deine Stimmung und Gesundheit.

Achtsames Atmen

Praktiziere täglich einige Minuten achtsames Atmen. Einfache Atemübungen können dir helfen, mit stressigen Situationen umzugehen und einen klaren Kopf zu bewahren.

Positives Denken

Lenke deine Gedanken immer wieder auf das Positive. Sei dankbar für die kleinen Freuden des Lebens, und übe immer wieder, schwierige Situationen mit Gelassenheit zu betrachten.

Pflegerituale

Verwöhne dich mit kleinen Pflegeritualen. Ob eine Gesichtsmaske, eine kurze Massage oder ein paar Tropfen deines Lieblingsduftöls – solche Momente der Pflege können sehr wohltuend sein.

Verbindung mit anderen

Der Austausch mit anderen Menschen ist wichtig. Plane Treffen mit Freunden oder Familie – sei es persönlich oder virtuell – und teile die Freude der Adventszeit.

Durch diese Tipps zur Selbstfürsorge kannst du die Adventszeit bewusster und entspannter erleben. Denke daran, dass es in Ordnung ist, auch mal ´Nein´ zu sagen und dir Zeit für dich selbst zu nehmen.

Achtsamer Gedanke des Tages

„Sorge gut für dich – so kannst du auch für andere da sein.“

Frage 17

Welche Übung hilft dir, morgens achtsam mit deinem Hund zu interagieren?

T   Sofort an die Arbeit denken

W   Den Hund schnell füttern

F   Das Verhalten deines Hundes bewusst beaobachten

X   Den Fernseher einschalten

Die richtige Lösung ist der 1. Buchstabe des Lösungsworts.

Zeit für dich selbst schaffen

Tages REFLEXION

Heute ist:

Wie fühle ich mich heute?

Das war heute schön

Mein Grund dafür

Was habe ich heute für mich selbst getan?

Die Flamme der Gelassenheit

(Anekdote)

Der dritte Advent war immer etwas Besonderes für Clara. Schon als Kind hatte sie sich darauf gefreut, die dritte Kerze am Adventskranz anzuzünden. Es war nicht nur ein Zeichen, dass Weihnachten näher rückte, sondern auch ein Moment, der ihr das Gefühl von Geborgenheit gab.

Jetzt, als erwachsene Frau und Mutter von zwei Kindern, hielt sie dieses Ritual aufrecht. Nachdem die Kinder zu Bett gegangen waren und der Tag endlich zur Ruhe gekommen war, setzte sie sich an diesem Sonntagabend in ihr Wohnzimmer. Der Raum war in sanftes Kerzenlicht getaucht, und das Flackern der beiden Adventskerzen erfüllte sie mit einer unerklärlichen Ruhe.

Clara erinnerte sich daran, wie oft sie in dieser hektischen Jahreszeit den inneren Druck verspürte, alles perfekt zu machen – für ihre Kinder, für ihren Mann, für ihre Arbeit. Doch in diesem Moment, beim Betrachten der Kerzenflammen, wurde ihr bewusst, dass Gelassenheit nicht aus Perfektion, sondern aus Loslassen entsteht.

Das dritte Licht im Advent erinnerte sie daran, dass sie nicht alles kontrollieren musste. Gelassenheit war nicht das Ergebnis einer gut organisierten Checkliste, sondern die Kunst, inmitten des Chaos Frieden zu finden. An diesem Abend ließ sie die Sorgen des Tages los und erlaubte sich, einfach nur im Moment zu sein – still, ruhig und voller Vertrauen, dass alles seinen Lauf nehmen würde.

18 - Achtsames Backen und Kochen

Genussmomente in der Küche

Impuls 18 - Achtsames Backen und Kochen

Heute widmen wir uns einer der schönsten Traditionen der Adventszeit: dem Backen und Kochen. Diese Tätigkeiten bieten eine wunderbare Gelegenheit, Achtsamkeit zu praktizieren, Freude, Genuss und Gemeinschaft zu erleben.

Lass uns gemeinsam erkunden, wie du Backen und Kochen in eine entspannende Aktivität verwandeln kannst:

Vorbereitung als Ritual

Beginne mit der achtsamen Vorbereitung deiner Back- und Kochutensilien. Das Auswählen und Bereitstellen der Zutaten kann bereits ein meditativer Prozess sein. Achte auf die Farben, Texturen und Gerüche der Zutaten.

Einfache Rezepte auswählen

Wähle Rezepte, die dir Freude bereiten und nicht zu komplex sind.

Gegenwärtig sein

Während des Backens und Kochens, sei ganz im Moment. Konzentriere dich auf jede Handbewegung, das Mischen der Zutaten, das Kneten des Teigs, die Konsistenz.

Genussvolles Experimentieren

Erlaube dir, kreativ zu sein. Experimentiere mit neuen Gewürzen oder Zutaten, und genieße diesen Prozess.

Gemeinsames Backen und Kochen

Lade Familienmitglieder oder Freunde ein, gemeinsam mit dir zu backen oder zu kochen. Diese gemeinsame Zeit kann die Verbindung stärken und viel Spaß bereiten.

Dankbarkeit üben

Sei dankbar für die Möglichkeit, Nahrung zuzubereiten und zu genießen. Denke an die Herkunft der Zutaten und die Menschen, die an ihrem Anbau und ihrer Lieferung beteiligt waren.

Achtsames Probieren

Nimm dir Zeit, um das Gebackene oder Gekochte zu probieren. Setze alle deine Sinne ein. Achte auf den Geschmack. Wie fühlt sich das Erschaffene an, und wie riecht es?

Entspannen und genießen

Sieh das Backen und Kochen als eine Chance, zu entspannen und den Moment zu genießen - statt als eine weitere Aufgabe auf deiner To-Do-Liste.

Teilen und Freude schenken

Teile deine Kreationen mit anderen. Das Teilen von selbstgemachten Leckereien kann eine wunderbare Möglichkeit sein, Freude zu verbreiten und Nähe zu schaffen.

Reflexion und Dankbarkeit

Am Ende des Back- und Kochvorgangs, nimm dir einen Moment, um den Prozess zu reflektieren und dankbar für das Erlebte zu sein.

Indem du Backen und Kochen als eine Form der Achtsamkeitspraxis ansiehst, kannst du diese Tätigkeiten in eine Quelle von Entspannung und Genuss verwandeln. Genieße jeden Moment in der Küche und die Freude, die daraus entsteht.

Achtsamer Gedanke des Tages

„Liebe ist die wichtigste Zutat, die wir beim Kochen und Backen hinzufügen können."

Frage 18

Wie kannst du abends Achtsamkeit in deiner Familie fördern?

K   Jeder macht seine eigenen Aktivitäten
B   Gemeinsames Lesen einer Weihnachtsgeschichte
D   Fernsehen
A   Über die Arbeit sprechen

Die richtige Lösung ist der 11. Buchstabe des Lösungsworts.

Genussmomente in der Küche

Tages REFLEXION

Heute ist:

Wie fühle ich mich heute?

Das war heute schön

Mein Grund dafür

Wie habe ich bewusst gekocht oder gebacken?

Kleine Auszeiten im Vorweihnachtstrubel

(Wissenswertes)

Inmitten all der Aufgaben und Verpflichtungen der Adventszeit fühlen sich viele von uns erschöpft und gehetzt. Doch genau in dieser Zeit ist es umso wichtiger, kleine Pausen für sich selbst zu schaffen. Eine der einfachsten und effektivsten Möglichkeiten, um zur Ruhe zu kommen, ist ein Spaziergang an der frischen Winterluft. Solche Momente sind wie kleine Inseln der Stille inmitten des vorweihnachtlichen Trubels.

Wissenschaftliche Studien belegen, dass bereits 20 bis 30 Minuten Gehen in der Natur den Stresspegel senken und die geistige Klarheit fördern können. Besonders in der Adventszeit bietet sich ein Spaziergang an, um den Kopf frei zu bekommen und den Trubel der Stadt oder des Alltags für einen Moment hinter sich zu lassen. Die festlich geschmückten Straßen, der Duft von Tannenzweigen oder die frische Winterluft – all das kann helfen, den Geist zu beruhigen und neue Energie zu tanken.

Stelle dir vor, wie du an einem Winterabend durch den leise knirschenden Schnee gehst, die festlichen Lichter um dich herum und der Himmel klar und kalt über dir. Du spürst die frische Luft in deinen Lungen und atmest tiefer, langsamer. Ein solcher Spaziergang lässt dich den Moment intensiver wahrnehmen und hilft dir, deine Gedanken zu ordnen. Egal, ob du alleine unterwegs bist oder die Zeit mit deinem Partner oder deinen Kindern teilst – es ist eine Gelegenheit, das Tempo bewusst zu verlangsamen und den Zauber der Adventszeit in der Natur zu erleben.

Für berufstätige Eltern, die oft zwischen Job und familiären Verpflichtungen jonglieren, ist ein Spaziergang eine wertvolle Pause. Es ist eine Auszeit, die keine große Planung erfordert und

eine spürbare Wirkung hat. Auch wenn du nur 20 Minuten am Tag findest, kannst du diese Zeit nutzen, um dich zu erden und die hektischen Gedanken loszulassen. Ein Spaziergang im Park, im Wald oder durch die weihnachtlich geschmückte Nachbarschaft kann dir helfen, dich wieder mit dir selbst zu verbinden und den Stress des Alltags für eine Weile loszulassen.

In der Adventszeit ist die Natur eine besondere Quelle der Ruhe und Schönheit – die kahlen Bäume, der Frost, der sich sanft auf die Äste legt, und die klare, kühle Luft. Sie laden dich ein, innezuhalten und die Magie der kalten Jahreszeit bewusst zu erleben. Nimm dir die Zeit, die Weihnachtsbeleuchtung in deiner Umgebung zu bewundern, die Vorfreude der Menschen zu spüren und die friedliche Stille der Natur in dir aufzunehmen.

Ein achtsamer Spaziergang lässt dich die kleinen Momente des Alltags bewusster erleben. Gönne dir diese Pausen in der Adventszeit, sei es in der Mittagspause, nach Feierabend oder am Wochenende. Denn es sind diese kleinen Auszeiten, die dir erlauben, wieder Kraft zu schöpfen und die Schönheit der Vorweihnachtszeit zu genießen.

19 - Achtsame Rituale etablieren

Kleine Oasen der Ruhe im Alltag

Impuls 19 - Achtsame Rituale etablieren

Heute zeigen wir dir, wie kleine, achtsame Rituale deinen Alltag bereichern. Gerade in der hektischen Adventszeit sind solche Rituale Oasen, die zu mehr Gelassenheit führen können.

Morgendliches Dankbarkeitsritual

Beginne deinen Tag mit einem kurzen Moment der Dankbarkeit. Für welche drei Dinge bist du dankbar? Für welche Menschen in deinem Leben bist du dankbar? So kannst du den Tag wunderbar mit einer positiven Einstellung beginnen.

Achtsame Kaffeepause

Nutze deine Kaffeepause für ein kleines Achtsamkeitsritual. Konzentriere dich auf den Geschmack des Kaffees, die Wärme der Tasse in deinen Händen und die kurze Auszeit vom Alltag. Genauso gut gelingt dir dies mit Tee oder einem anderen Getränk deiner Wahl.

Abendliches Entspannungsritual

Schaffe ein entspannendes Ritual vor dem Schlafengehen. Dies könnte das Lesen eines Buches, meditatives Atmen oder das Hören von Musik sein.

Kerzenritual

Zünde eine Kerze an, und genieße einige Momente im Schein ihres Lichts. Dies kann besonders in der Adventszeit eine ruhige, festliche Stimmung schaffen.

Naturritual

Verbringe täglich einige Zeit draußen in der Natur. Ein kurzer Spaziergang oder einfach nur ein paar Minuten an der frischen Luft können Wunder für dein Wohlbefinden bewirken.

Ritual der Stille

Nimm dir täglich einige Minuten Zeit für Stille. Ob in Meditation, beim bewussten Atmen oder einfach nur in ruhigem Sitzen – diese Momente sind regelmäßig in den Alltag integriert sehr kraftvoll.

Dankbares Zurückblicken

Nimm dir am Ende des Tages einen Moment, um über den Tag nachzudenken und dankbar für die erlebten Momente zu sein.

Rituale mit der Familie

Etabliere kleine Rituale mit deiner Familie, wie das gemeinsame Schmücken des Weihnachtsbaums oder das Vorlesen einer Geschichte.

Diese kleinen Rituale können dir helfen, immer wieder in das Hier & Jetzt zu kommen sowie die Adventszeit bewusster und entspannter zu erleben.

Genieße deinen Tag mit diesen kleinen, wirkungsvollen Ritualen.

Achtsamer Gedanke des Tages

„Kleine Rituale schenken dem Alltag Bedeutung und Tiefe.“

Frage 19

Was ist ein guter Achtsamkeits-Tipp für stressige Arbeitstage?

G   E-Mails im Bett checken
E   Schnell essen
H   Überstunden machen
T   In der Mittagspause spazieren gehen

Die richtige Lösung ist der 4. Buchstabe des Lösungsworts.

Kleine Oasen der Ruhe im Alltag

Tages REFLEXION

Heute ist:

Wie fühle ich mich heute?

Das war heute schön

Mein Grund dafür

Welches Ritual hat mir heute Ruhe gebracht?

Der Zauber des Weihnachtsbaums

(Anekdote)

Für Julius war das Aufstellen des Weihnachtsbaums immer ein besonderes Ereignis. Schon als Kind hatte er es geliebt, die alten Kisten aus dem Keller zu holen und den Baum mit Geschichten von früher zu schmücken. Nun führte er dieses Ritual mit seiner eigenen Familie fort.

Der Duft von Tannennadeln erfüllte das Haus, während die Kinder aufgeregt um den Baum herumsprangen. Seine Frau entwirrte die Lichterkette, und trotz der kleinen Hektik fühlte Julius eine tiefe Verbundenheit.

Jede Kugel erzählte eine Geschichte: Die zerbrechliche von seiner Großmutter, das selbstgebastelte Ornament seiner Tochter. Das Schmücken des Baums war mehr als nur eine festliche Tradition – es verband Generationen und rief Erinnerungen wach.

Als der Baum schließlich im Glanz der Lichter erstrahlte, trat die Familie zurück, um das Werk zu betrachten. Inmitten des Vorweihnachtsstresses war dies ein Moment des Innehaltens. Der Weihnachtsbaum war nicht nur ein Symbol der Festlichkeit – er war ein Symbol der Verbundenheit.

20 - Achtsamkeit in der Partnerschaft

Zeit für gemeinsame Besinnlichkeit

Impuls 20

Achtsamkeit in der Partnerschaft

Wir wenden uns dem besonderen Thema Achtsamkeit in der Partnerschaft zu.

Die Adventszeit bietet eine wunderbare Gelegenheit, deine Beziehung durch gemeinsame achtsame Momente zu stärken und zu vertiefen.

Gemeinsame Spaziergänge im Adventslicht

Nutzt die festliche Stimmung für gemeinsame Spaziergänge. Ob es ein Bummel über den Weihnachtsmarkt ist oder ein ruhiger Spaziergang durch verschneite Straßen – die gemeinsame Zeit draußen kann euch näher zusammenbringen.

Achtsames Zuhören

Widmet euch gegenseitig Zeit, um wirklich zuzuhören. Schaltet Handys und andere Ablenkungen aus, konzentriert euch ganz auf die Worte des anderen.

Gemeinsames Kochen oder Backen

Nutzt die vorweihnachtliche Zeit, um gemeinsam in der Küche aktiv zu werden. Ob Plätzchen backen oder die Zubereitung eines festlichen Essens – das gemeinsame Erleben und Schaffen stärkt die Verbindung.

Entspannungsübungen zusammen machen

Probiert zusammen entspannende Übungen wie Qigong,

Yoga oder Meditation. Diese gemeinsamen Aktivitäten können euch helfen, Stress abzubauen und die Achtsamkeit füreinander zu vertiefen.

Dankbarkeitsritual

Nehmt euch möglichst täglich einen Moment, um euch gegenseitig zu sagen, wofür ihr in eurer Beziehung dankbar seid. Diese kleine Geste der Anerkennung und Wertschätzung kann eure Bindung stärken.

Planung eines achtsamen Weihnachtsfestes

Nutzt die Adventszeit, um gemeinsam zu planen, wie ihr Weihnachten verbringen möchtet. Dies hilft, Stress zu reduzieren und sicherzustellen, dass die Feiertage entspannt verlaufen.

Teilen von Gedanken und Gefühlen

Die Adventszeit ist eine gute Gelegenheit, um über Gedanken und Gefühle zu sprechen, die im Laufe des Jahres vielleicht zu kurz gekommen sind. Nutzt die ruhigen Abende, um euch auszutauschen und einander besser zu verstehen.

Adventsüberraschungen für den Partner/die Partnerin

Überrascht euch gegenseitig mit kleinen Gesten der Liebe und Achtsamkeit.

Wir wünschen euch wundervolle, achtsame Momente zusammen!

Achtsamer Gedanke des Tages

„Wahre Nähe entsteht durch bewusstes Zuhören und achtsames Miteinander."

Frage 20

Wie kannst du Achtsamkeit beim Spielen mit deinem Hund praktizieren?

H   Während des Spielens an die Arbeit denken
O   Den Fernseher im Hintergrund laufen lassen
S   Einfach das gemeinsame Spiel genießen
E   Auf das Handy schauen

Die richtige Lösung ist der 18. Buchstabe des Lösungsworts.

Zeit für gemeinsame Besinnlichkeit

Tages REFLEXION

Heute ist:

Wie fühle ich mich heute?

Das war heute schön

Mein Grund dafür

Wie habe ich heute achtsame Zeit erlebt?

Zeit für gemeinsame Besinnlichkeit

(Wissenswertes)

In der hektischen Vorweihnachtszeit geraten Beziehungen oft in den Hintergrund. Doch gerade jetzt kann Achtsamkeit in der Partnerschaft eine wichtige Rolle spielen. Es geht darum, bewusst Zeit miteinander zu verbringen und echte Nähe zu schaffen, auch wenn der Alltag stressig ist.

Ein einfacher Anfang: Nimm dir regelmäßig kleine Momente, um deinen Partner wirklich wahrzunehmen. Sei es durch ein achtsames Gespräch ohne Ablenkungen oder eine liebevolle Geste, die zeigt, dass du präsent bist. Oft genügen schon fünf Minuten, in denen ihr euch nur aufeinander konzentriert.

Auch gemeinsame Rituale, wie das Anzünden einer Kerze oder ein Spaziergang im Winterlicht, können helfen, die Verbindung zu vertiefen. Achtsamkeit in der Partnerschaft bedeutet, im Hier und Jetzt miteinander zu sein und die kleinen Momente des Zusammenseins wertzuschätzen. Das stärkt nicht nur die Beziehung, sondern bringt auch Ruhe und Harmonie in die Adventszeit.

21 - Achtsames Dekorieren

Dein Zuhause in Ruhe verwandeln

Impuls 21 - Achtsames Dekorieren

Heute möchten wir dir zeigen, wie du das Dekorieren deines Zuhauses in einen bewussten Prozess verwandeln kannst.

Die Adventszeit ist perfekt, um dein Zuhause in eine Wohlfühloase zu verwandeln.

Planung mit Achtsamkeit

Bevor du mit dem Dekorieren beginnst, nimm dir einen Moment, um darüber nachzudenken, was Advent, Weihnachten, das Jahresende für dich bedeuten. Wähle Dekorationen, die diese Gefühle widerspiegeln und dir Freude bereiten.

Dekorieren als Entspannungszeit

Nutze die Zeit des Schmückens, um abzuschalten. Lasse Musik im Hintergrund spielen, zünde eine Kerze an, und sei ganz im Prozess des Dekorierens. Nimm ihn als eine Art Meditation an.

Naturmaterialien verwenden

Sammle Zweige, Tannenzapfen oder andere Naturmaterialien bei Spaziergängen, und integriere sie in deine Dekoration. Dies schafft nicht nur eine natürliche Atmosphäre, sondern verbindet dich auch mit der Natur.

Handgemachte Elemente

Bastle einige Dekorationen selbst. Dies kann eine wunderbare Gelegenheit sein, um Kreativität zu entfalten und etwas Einzigartiges zu schaffen.

Achtsames Arrangieren

Sei ganz im Moment beim Aufstellen der Dekorationen. Achte darauf, wie die verschiedenen Elemente zusammen wirken und wie sie das Raumgefühl verändern.

Familienbeteiligung

Mache das Dekorieren zu einer Familienaktivität. Jedes Familienmitglied kann etwas Eigenes beisteuern, was die Dekoration noch persönlicher und bedeutungsvoller macht.

Bewusstes Reduzieren

Überlege, welche Dekorationen dir wirklich wichtig sind. Und schaffe einen Raum, der nicht überladen wirkt, sondern Ruhe und Gemütlichkeit ausstrahlt.

Lichter und Kerzen

Nutze Lichter und Kerzen, um eine warme, einladende Atmosphäre zu schaffen. Das flackernde Kerzenlicht kann besonders in der dunklen Jahreszeit beruhigend und stimmungsvoll sein.

Indem du das Dekorieren als einen achtsamen Prozess erlebst, schaffst du ein ästhetisch ansprechendes Zuhause. Außerdem nimmst du dir Zeit für dich selbst und deine Kreativität.

Achtsamer Gedanke des Tages

„Nicht die Fülle der Dekoration, sondern die Wärme, die sie ausstrahlt, macht das Zuhause besonders."

Frage 21

Welche Achtsamkeitsübung kannst du vor dem Schlafengehen machen?

G   Arbeits-E-Mails lesen
L   Durch Social Media scrollen
A   Einige Minuten meditieren
D   An den nächsten Tag denken

Die richtige Lösung ist der 19. Buchstabe des Lösungsworts.

Dein Zuhause in Ruhe verwandeln

Tages REFLEXION

Heute ist:

Wie fühle ich mich heute?

Das war heute schön

Mein Grund dafür

Wie habe ich das Dekorieren heute genossen?

Geschenke für die Seele

(Kurzgeschichte)

Es war der letzte Samstag vor Weihnachten, und Laura stand in der Schlange eines überfüllten Kaufhauses. Menschen drängten sich um sie, hasteten mit vollen Einkaufstaschen durch die Gänge, während Weihnachtsmusik im Hintergrund lief. Die festlichen Lieder schienen im Chaos unterzugehen, und Laura spürte, wie die Stimmung eher von Stress als von Vorfreude geprägt war. Sie fragte sich, ob das wirklich das war, was Weihnachten ausmachte.

Während sie in der Schlange wartete, scrollte sie gedankenverloren durch ihr Handy und war in Gedanken versunken, als ihr Telefon plötzlich klingelte. Es war ihre Tochter Emma. „Mama, wann kommst du nach Hause? Wir wollten doch zusammen Plätzchen backen." Laura hielt inne. Sie sah auf den Pullover in ihrer Hand, den sie als letztes Geschenk für ihre Schwester kaufen wollte, und spürte einen leichten Stich im Herzen. War es das, was wirklich zählte? Die perfekten Geschenke, die sie durch ihre stressigen Einkäufe suchte, oder die Zeit, die sie mit ihrer Familie verbrachte?

Sie sah sich um. Überall Menschen, die genauso erschöpft aussahen wie sie. Menschen, die vermutlich genau wie sie von Geschäft zu Geschäft eilten, um das "perfekte" Weihnachten vorzubereiten. Aber in diesem Moment wurde ihr klar, dass sie dabei vielleicht das Wichtigste aus den Augen verloren hatte: die Zeit mit den Menschen, die ihr am meisten bedeuteten.

Mit einem tiefen Atemzug legte sie den Pullover zurück ins Regal. Er war schön, keine Frage, aber er war nicht das, was ihre Schwester wirklich brauchte. Stattdessen machte sie sich auf den Weg nach Hause, spürte, wie die Anspannung langsam von ihr abfiel, und freute sich auf den Nachmittag mit Emma. Als sie die Tür aufschloss, wurde sie vom warmen Duft von Teig und Zimt empfangen, und Emma stürmte ihr entgegen. „Du bist da!", rief sie, und Laura spürte, dass dies das beste Geschenk war, das sie hätte bekommen können.

Gemeinsam verbrachten sie den Nachmittag in der Küche, lachten, probierten Kekse und naschten Teig. Die Hektik des Kaufhauses schien weit weg, und Laura wurde bewusst, dass genau diese einfachen Momente den wahren Geist der Weihnachtszeit ausmachten. Es war nicht der Pullover, den sie für ihre Schwester hätte kaufen können, nicht die perfekten Geschenke, die sie sich so sehr erhoffte – sondern die Zeit, die Liebe und die Freude, die sie in diesem Moment mit Emma teilte.

Am Abend, als die Plätzchen fertig waren und der Duft frisch gebackenen Gebäcks das Haus füllte, setzte sich Laura mit einer Tasse Tee auf das Sofa und sah ihrer Tochter beim Dekorieren zu. Sie dachte daran, wie sehr sie sich in den letzten Wochen darum bemüht hatte, das perfekte Weihnachtsfest vorzubereiten – die besten Geschenke, das schönste Essen, die perfekte Dekoration. Doch nun erkannte sie, dass die wahren Geschenke in den kleinen, kostbaren Momenten lagen, die sie mit ihrer Familie erlebte.

In diesem Moment verspürte Laura tiefe Dankbarkeit. Sie lächelte, als sie daran dachte, dass das größte Geschenk, das sie ihrer Familie machen konnte, ihre Zeit und Liebe war. Plötzlich wirkte der ganze Einkaufsstress nebensächlich, und sie wusste, dass sie das Wesentliche gefunden hatte: Geschenke für die Seele – die Momente, die man miteinander teilt, die Lachen, die Liebe und die Erinnerungen, die lange nach den materiellen Geschenken bleiben.

Als sie an diesem Abend ins Bett ging, fühlte sie sich ruhig und zufrieden. Weihnachten war nicht das, was sie im Kaufhaus suchte, sondern das, was sie in ihrem Zuhause, in der Nähe ihrer Familie fand. Und das war das größte Geschenk, das sie sich selbst und ihren Liebsten machen konnte.

22 - Achtsamkeitspraxis vertiefen

Mehr Bewusstsein im Advent

Impuls 22 - Achtsamkeitspraxis vertiefen

Heute laden wir dich ein, deine Achtsamkeitspraxis zu vertiefen und sie selbstverständlich in deinem Alltag zu verankern.

Tägliche Achtsamkeitsmomente

Finde Momente im Alltag, in denen du bewusst innehalten kannst. Dies können einfache Tätigkeiten wie das Trinken einer Tasse Tee oder das Anzünden einer Adventskerze sein. Nutze diese Momente, um voll und ganz präsent zu sein.

Meditation vertiefen

Wenn du bereits meditierst, versuche, deine Praxis zu intensivieren. Vielleicht magst du die Dauer etwas verlängern oder eine neue Meditationsform ausprobieren. Auch das bewusste Atmen vor dem Adventskranz kann eine meditative Qualität haben.

Dankbarkeitstagebuch

Führe ein Dankbarkeitstagebuch, und notiere täglich drei bis fünf Dinge, für die du dankbar bist. Dies hilft dir, einen positiven Fokus zu bewahren und die vielen kleinen Freuden des Advents und darüber hinaus wertzuschätzen.

Achtsame Kommunikation

Übe dich in achtsamer Kommunikation mit Familie, Freunden und Kollegen. Höre aktiv zu, ohne zu urteilen oder sofort zu reagieren. Dies fördert ein tieferes Verständnis und stärkt die zwischenmenschlichen Beziehungen.

Natur verbindet

Nutze die Adventszeit für Spaziergänge in der Natur. Beobachte die Veränderungen der Jahreszeit, und finde Ruhe in der Stille der Natur. Das kann ein wunderbarer Ausgleich zum vorweihnachtlichen Trubel sein.

Achtsam essen

Übe dich darin, Mahlzeiten achtsam zu genießen. Nimm dir Zeit für jeden Bissen, genieße die Aromen und Texturen der Speisen, und erlebe das Essen als sinnliche Erfahrung, die sie ist.

Reflexion und Introspektion

Nutze die Abende für eine stille Reflexion. Schaue zurück auf den Tag, erkenne, was gut gelaufen ist und was du vielleicht anders machen möchtest. Diese innere Einkehr ist besonders in der Adventszeit eine Quelle der Erneuerung.

Indem du diese Techniken praktizierst, wirst du eine tiefere Ebene der Achtsamkeit in deinem Leben erreichen. Sie werden dir helfen, dein Leben auch über die Adventszeit hinaus mit einem klaren, ruhigen Geist wertzuschätzen.

Achtsamer Gedanke des Tages

„Die tiefe Wurzel der Achtsamkeit gibt dir Halt, wenn der Sturm des Alltags weht."

Frage 22

Wie kannst du diesen Tag achtsam mit deiner Familie verbringen?

K   Gemeinsam Plätzchen backen und genießen
L   In getrennten Räumen Zeit verbringen
A   Jeder schaut sein eigenes Programm
R   Über die Arbeit sprechen

Die richtige Lösung ist der 21. Buchstabe des Lösungsworts.

Tages REFLEXION

Heute ist:

Wie fühle ich mich heute?

Das war heute schön

Mein Grund dafür

Wie habe ich heute meine Achtsamkeitspraxis vertieft?

Das vierte Licht

Besinnung und Neuanfang

(Kurzgeschichte)

Es war der vierte Advent, und Clara saß in ihrem Wohnzimmer. Vor ihr auf dem Tisch stand der Adventskranz, dessen drei Kerzen bereits abgebrannt waren. Die Tage waren schnell vergangen, wie immer im Dezember. Die Vorweihnachtszeit war für Clara gefüllt mit Arbeit, Weihnachtsvorbereitungen und den alltäglichen Verpflichtungen. Sie hatte das Gefühl, ständig auf Achse zu sein, kaum zur Ruhe zu kommen. Doch heute war der vierte Advent, und das letzte Licht würde bald brennen.

Clara holte eine frische Kerze aus der Schublade und setzte sie in den Kranz. Sie nahm ein Streichholz, zündete es an und sah zu, wie die Flamme kurz flackerte, bevor sie ruhig und gleichmäßig brannte. Die vierte Kerze. Ein Moment der Stille. In diesem Augenblick erinnerte sich Clara daran, wie sehr sie diese Zeit als Kind geliebt hatte. Der vierte Advent bedeutete damals, dass Weihnachten fast da war, die Aufregung auf das große Fest war greifbar. Doch jetzt, als erwachsene Frau und Mutter, bedeutete dieser Moment für sie etwas anderes: eine Gelegenheit, innezuhalten.

Die Flamme der vierten Kerze flackerte sanft im Raum, und Clara ließ sich auf dem Sofa nieder, die Beine unter sich gezogen, eine Decke um ihre Schultern. Sie nahm ihre Tasse Tee und atmete den warmen Dampf ein. Für einen Moment schloss sie die Augen und spürte, wie die Hektik der letzten

Wochen langsam von ihr abfiel. Es war, als würde die Stille um sie herum alle Geräusche des Tages verschlucken. Endlich hatte sie einen Moment für sich, ohne Verpflichtungen, ohne To-Do-Listen.

Der vierte Advent war für Clara nicht nur ein Symbol für das nahende Weihnachtsfest, sondern auch eine Gelegenheit, das vergangene Jahr Revue passieren zu lassen. Sie dachte an die Herausforderungen, die sie gemeistert hatte – im Job, in der Familie, in ihrem Alltag. Es war ein Jahr voller Höhen und Tiefen gewesen, voller Veränderungen. Doch in diesem Moment, im Schein der Kerzen, fühlte sie sich mit sich selbst im Reinen. Sie hatte viel erreicht, und auch wenn es oft anstrengend gewesen war, war sie stolz auf das, was sie bewältigt hatte.

Während sie die Flammen betrachtete, dachte Clara darüber nach, wie oft sie sich in der Vorweihnachtszeit verloren hatte – in den Aufgaben, in den Erwartungen an sich selbst, in dem Drang, alles perfekt zu machen. Die Weihnachtsvorbereitungen hatten sie oft so sehr in Anspruch genommen, dass sie den eigentlichen Sinn der Adventszeit aus den Augen verloren hatte: Besinnung, Freude und Zeit für sich selbst.

In diesem Moment verspürte Clara ein tiefes Bedürfnis nach einem **Neuanfang**. Nicht nur für das kommende Jahr, sondern auch für sich selbst. Sie wollte sich mehr Zeit für die kleinen, bedeutungsvollen Augenblicke nehmen – wie diesen Moment der Stille. Sie wollte lernen, im Trubel des Alltags innezuhalten, die Kerzen anzuzünden und bewusst zu atmen. Diese ruhigen Augenblicke gaben ihr die Kraft, die sie brauchte, um all die Anforderungen des Lebens zu meistern.

Clara lehnte sich zurück und dachte an das kommende Jahr. Sie wusste, dass es wieder vollgepackt sein würde – mit Arbeit, mit Verantwortung, mit Verpflichtungen. Aber dieses Mal wollte sie es anders angehen. Sie wollte die Balance zwischen dem, was sie leisten musste, und dem, was sie für sich selbst brauchte, besser finden. Der vierte Advent, das letzte Licht, hatte sie daran erinnert, dass sie die Kontrolle über diese Balance hatte. Es lag an ihr, sich die Momente der Ruhe zu nehmen, die sie brauchte, um nicht auszubrennen.

Die vier Kerzen brannten nun alle gemeinsam, und der Raum war erfüllt von ihrem warmen Licht. Clara lächelte. Es war ein Moment des Friedens, der Besinnung – und des Aufbruchs in etwas Neues. Weihnachten war nicht nur das Ende des Jahres, sondern auch ein Anfang. Ein Anfang für mehr Gelassenheit, mehr Zeit für sich selbst und für das, was wirklich zählte.

Als Clara später ins Bett ging, fühlte sie sich ruhig und bereit für die kommenden Tage. Sie wusste, dass sie nicht alles perfekt machen musste, dass es die kleinen, bewussten Momente waren, die zählten. Das vierte Licht hatte sie daran erinnert, was wirklich wichtig war: die Besinnung auf das, was gewesen war, und der Mut, einen Neuanfang zu wagen.

23 - Vorbereitung auf Heiligabend

Besinnlich statt stressing

Impuls 23 - Vorbereitung auf Heiligabend

Heiligabend steht vor der Tür und mit ihm der Höhepunkt der Adventszeit. Wir wollen dir nun einige Tipps an die Hand geben, wie du diesen besonderen Tag achtsam und entspannt erleben kannst.

Frühzeitige Vorbereitungen

Beginne frühzeitig mit den Vorbereitungen für Heiligabend. Erstelle eine Liste mit allem, was zu tun ist, und verteile die Aufgaben über die Tage davor. So vermeidest du Last-Minute-Stress und kannst den Heiligabend gelassen angehen.

Festliche Atmosphäre schaffen

Gestalte dein Zuhause festlich, ohne Hektik. Eine ruhige Musik im Hintergrund, das Anzünden von Kerzen am Adventskranz und der Duft von Tannenzweigen können eine schöne Stimmung erzeugen.

Achtsame Geschenkübergabe

Wenn du Geschenke verteilst, tue dies mit Achtsamkeit. Nimm dir Zeit für jeden Moment, achte auf die Reaktionen deiner Lieben, und genieße die Freude des Gebens.

Gemeinsames Kochen und Backen

Beziehe die Familie in die Vorbereitungen der Leckereien mit ein. Das gemeinsame Kochen oder Backen kann zu einem fröhlichen, verbindenden Erlebnis werden.

Stille Momente einplanen

Plane bewusst stille Momente ein. Vielleicht möchtest du einen kurzen Spaziergang machen oder einige Minuten in Ruhe meditieren. Diese kleinen Auszeiten helfen dir, den Tag bewusster und ruhiger zu erleben.

Traditionen wertschätzen

Besinne dich auf die Bedeutung von Weihnachtstraditionen – und darauf, welche dir wirklich wichtig sind. Ob es das Singen von Weihnachtsliedern, das Lesen der Weihnachtsgeschichte oder das Anzünden der Kerzen am Weihnachtsbaum ist – Rituale stärken das Gefühl der Verbundenheit sofern sie mit Freude und Überzeugung gelebt werden können.

Dankbarkeit und Reflexion

Nutze den Heiligabend, um auf die vergangenen Adventstage zurückzublicken. Sei dankbar für die gemeinsamen Momente und Erlebnisse. Reflektiere die Bedeutung des Festes.

Entspanntes Beisammensein

Verbringe den Abend in einer entspannten und freudigen Atmosphäre. Lasse kleine Unvollkommenheiten zu, und konzentriere dich auf das Zusammensein mit deinen Lieben.

Mit diesen Tipps kannst du Heiligabend zu einem achtsamen, friedvollen und erfüllenden Erlebnis gestalten. Genieße jeden Moment, sei präsent und schätze die Magie des Abends.

Achtsamer Gedanke des Tages

„Gelassenheit ist das schönste Geschenk, das du dir selbst an Heiligabend machen kannst."

Frage 23

Was ist eine achtsame Weise, dich auf Heiligabend vorzubereiten?

L   Sich Sorgen über unerledigte Arbeit machen
D   Geschenke in letzter Minute kaufen
E   Einen Moment der Ruhe finden
K   Den Wecker für den nächsten Tag stellen

Die richtige Lösung ist der 2. Buchstabe des Lösungsworts.

Besinnlich statt stressig

Tages REFLEXION

Heute ist:

Wie fühle ich mich heute?

Das war heute schön

Mein Grund dafür

Wie bin ich heute bei den Vorbereitungen gelassen geblieben?

Der letzte Arbeitstag vor Weihnachten

(Kurzgeschichte)

Es war der 23. Dezember, und Paul saß allein in seinem Büro. Der Tag war grauer und ruhiger als sonst. Fast alle seine Kollegen hatten bereits Feierabend gemacht. Die Schreibtische standen verlassen, leise summte noch der Drucker, und das Licht war in den meisten Räumen bereits gedimmt. Doch Paul hatte noch die letzten E-Mails zu beantworten, Berichte zu senden, und er konnte es nicht lassen, seine Aufgaben bis ins kleinste Detail abzuschließen.

Draußen fiel der erste Schnee, die dicken, weißen Flocken fielen lautlos auf die Straßen, die sich langsam in ein weißes Kleid hüllten. Paul hielt inne, als sein Blick aus dem Fenster wanderte. Der gewohnte Trubel auf der Straße fehlte. Kein Hupen, kein Gedränge – nur die leise Ruhe, die ihn an die Winterabende seiner Kindheit erinnerte. Plötzlich fühlte er ein Ziehen in der Brust, eine Sehnsucht, diese Momente der Stille zu bewahren.

Er fuhr den Computer herunter und begann, seine Sachen zu packen. Für einen Moment hielt er inne, bevor er seine Tasche über die Schulter warf. Das Büro war still – diese Stille hatte er das ganze Jahr über nicht erlebt. Das Summen der Bildschirme war verklungen, die Geräusche der hektischen Telefonate und das Tippen der Tastaturen waren verstummt. Es war eine seltene, fast heilige Ruhe, und Paul spürte, wie der Druck der letzten Wochen von ihm abfiel.

Als er das Büro verließ und die Tür hinter sich schloss, fühlte sich der Flur ungewohnt leer an. Kein hektischer Abschied, keine Eile, nur er und die hallenden Schritte auf dem kalten Fliesenboden. Paul trat hinaus auf die Straße, und die frische, kühle Luft umschloss ihn wie eine sanfte Umarmung. Die Schneeflocken tanzten im Licht der Straßenlaternen, und jeder Atemzug fühlte sich an, als würde er ihm neue Energie schenken.

Auf dem Weg zum Bahnhof verlangsamte er seine Schritte. Die Stille war tief und beruhigend, als ob die Stadt ihn einlud, für einen Moment alles loszulassen. Der Schnee knirschte unter seinen Schuhen, und Paul erinnerte sich an seine Kindheit, an die Nächte vor Heiligabend, in denen er sich als Kind oft am Fenster die Nase plattdrückte, um den ersten Schnee zu beobachten. Diese Unschuld, die Vorfreude, die Ruhe – sie schienen so weit weg, und doch war sie genau jetzt, in diesem Augenblick, wieder greifbar.

Als Paul den Park durchquerte, blieb er stehen. Er setzte sich auf eine Bank, die bereits leicht mit Schnee bedeckt war, und lauschte. Die Welt schien für ihn angehalten zu haben. Kein Lärm, kein Gedränge – nur die sanften Geräusche des Schnees, der fiel, und die gedämpfte Stille der schlafenden Stadt. Es war, als würde die Welt um ihn herum durchatmen, und er atmete mit. Für einen Moment schloss er die Augen und ließ die Gedanken los, die ihn seit Wochen gequält hatten. All der Stress, die Fristen, die endlosen Aufgaben – in diesem Augenblick schienen sie nicht mehr wichtig.

Paul öffnete die Augen und sah die Fußspuren im Schnee. Sie führten in die Richtung, in die er bald weitergehen würde – nach Hause, zu seiner Familie. Weihnachten war nun nur noch einen Tag entfernt, und er spürte eine tiefe Vorfreude auf das, was kommen würde. Es war nicht die Hektik der Vorbereitungen, die ihn jetzt beschäftigte. Es war die Gewissheit, dass er nach Hause ging – nicht nur physisch, sondern auch emotional. Die Ruhe dieses letzten Arbeitstags hatte ihm ein Geschenk gemacht, das er lange nicht gespürt hatte: die Stille, in der man sich selbst wiederfindet.

Als er weiterging, fühlte er sich leicht, fast schwebend. Der Weg zum Bahnhof war nicht mehr nur eine Strecke, die er hinter sich bringen musste, sondern eine Gelegenheit, die Stille des Moments zu genießen. Jeder Schritt brachte ihn näher zu dem, was wirklich zählte: das Zusammensein, die Freude, die Liebe.

Paul wusste, dass das neue Jahr wieder hektisch werden würde, die Aufgaben sich erneut türmen würden. Aber jetzt, in diesem Moment, war all das fern. Er war präsent, ganz im Hier und Jetzt, und es war genau diese Stille, dieses Geschenk, das er mit sich tragen würde – hinein in die Weihnachtszeit, hinein in das, was wirklich zählte.

24 - Achtsamkeit an Weihnachten

Den Feiertag bewusst erleben

Impuls 24 - Achtsamkeit an Weihnachten

Wir haben den Höhepunkt der Adventszeit erreicht – Weihnachten. Jetzt möchten wir dir Wege aufzeigen, wie du die Weihnachtstage bewusst, ruhig und in Harmonie erleben kannst.

Hier sind einige Tipps, um diese besondere Zeit zu genießen und gleichzeitig achtsam zu bleiben:

Bewusstes Erleben der Feiertage

Beginne die Weihnachtstage mit einer klaren Intention. Setze dir das Ziel, jeden Moment bewusst zu erleben, sei es beim Öffnen der Geschenke, beim Weihnachtsessen oder bei Gesprächen mit der Familie oder Freunden.

Zeit für Reflexion

Nutze diese Tage für kurze Reflexionen. Denke über das vergangene Jahr nach und über das, was dir wirklich wichtig ist. Diese Momente können dir helfen, deine Werte und Prioritäten klar zu sehen.

Gemeinsame Rituale pflegen

Pflege Weihnachtstraditionen, die dir und deiner Familie Freude bereiten. Ob es das gemeinsame Kochen, Singen von Weihnachtsliedern oder das Erzählen von Geschichten ist – solche Rituale stärken das Gefühl der Verbundenheit.

Dankbarkeit ausdrücken:

Zeige Dankbarkeit für die gemeinsame Zeit mit deinen Liebsten. Ein einfaches ´Danke´ oder eine Umarmung können viel bewirken und die Herzen näher zusammenbringen.

Zeit für dich selbst

Erinnere dich, Zeit für dich selbst einzuplanen. Ein kurzer Spaziergang, ein entspannendes Bad oder einfach nur ein paar Momente der Stille können dir helfen, dich zu zentrieren und zu entspannen.

Harmonische Kommunikation

Achte auf eine harmonische Kommunikation. Meide stressige Themen, und konzentriere dich stattdessen auf positive und aufbauende Gespräche.

Genussvolles Essen

Genieße das Weihnachtsessen bewusst. Achte auf die Aromen, Texturen und Farben der Speisen. Das achtsame Essen hilft dir, die Mahlzeiten zu schätzen und zu genießen.

Spielerische Leichtigkeit

Bringe spielerische Leichtigkeit in die Feiertage. Spiele mit den Kindern, erzähle lustige Geschichten oder mache einfach mal etwas Unerwartetes. Diese Momente der Unbeschwertheit können die Weihnachtstage bereichern.

Abschluss des Tages

Beende jeden Weihnachtstag mit einer kurzen Meditation oder einem Dankbarkeitstagebuch. Reflektiere über die schönen Momente des Tages, und schlafe mit einem Gefühl der Zufriedenheit ein.

Mit diesen Anregungen kannst du die Weihnachtstage in Achtsamkeit, Ruhe und Harmonie verbringen.

Wir hoffen, unser Adventskalender hat dir geholfen, die Adventszeit bewusst zu erleben. Wir wünschen dir, dass du die Praktiken erfolgreich -fortsetzen kannst.

Achtsamer Gedanke des Tages

*„Weihnachten ist die Zeit, in der wir das Geschenk der
Achtsamkeit besonders tief erleben können.“*

Frage 24

*Wie kannst du Heiligabend achtsam mit deiner Familie
und deinem Hund verbringen?*

O   Arbeits-E-Mails checken
W   Über den Stress des nächsten Tages nachdenken
L   Schnell Geschenke auspacken
&   Den Moment genießen

Die richtige Lösung ist der ??. Buchstabe des
Lösungsworts.

Die Feiertage bewusst erleben

Tages REFLEXION

Heute ist:

Wie fühle ich mich heute?

Das war heute schön

Mein Grund dafür

Wie habe ich Weihnachten heute bewusst erlebt?

Der Geist der Weihnachtsnacht

(Kurzgeschichte)

Es ist der 24. Dezember, und Tom sitzt in seinem modernen, eleganten Büro, allein und umgeben von der kalten Stille des späten Abends. Das Großraumbüro ist längst leer, die Schreibtische verlassen, die Bildschirme schwarz. Draußen erhellen die festlichen Lichter die Stadt, aber Tom schenkt dem keinen Blick. Stattdessen ist er wie immer in seine Arbeit vertieft, seine Augen starr auf den Laptop gerichtet. Der Tisch ist voll mit Papieren, Verträgen und Berichten, die noch fertiggestellt werden müssen. Der Weihnachtsabend ist für ihn wie jeder andere – ein weiterer Arbeitstag, eine Gelegenheit, mehr zu erreichen.

Sein Handy vibriert auf dem Tisch. Tom wirft einen schnellen Blick darauf. Eine neue Nachricht auf seiner Mailbox. Er weiß, dass sie von seiner Tochter Mia ist, aber er schiebt es beiseite, wie er es schon die letzten Wochen getan hat. „Keine Zeit", murmelt er, während seine Finger wieder über die Tastatur fliegen. Er hat schließlich Wichtigeres zu tun. Weihnachten war noch nie seine Priorität. Er arbeitet, um seiner Familie ein gutes Leben zu ermöglichen – das ist seine Rechtfertigung. Es muss reichen.

„Papa... ich... ich weiß, dass du viel arbeitest... aber ich will nur, dass du nach Hause kommst. Ich brauche kein Handy... ich will einfach nur dich."

Ihre Stimme bricht. Tom kann das Weinen hören, und es ist, als ob jedes Schluchzen durch seine Brust schneidet. Aber er verdrängt es, schüttelt den Kopf und drückt die Nachricht weg. "Das Handy war ein gutes Geschenk," denkt er sich, "moderne Kinder wollen sowas." Er seufzt und wendet sich wieder seiner Arbeit zu. Noch ein paar Verträge, dann kann er sich vielleicht auf den Weg machen.

Plötzlich ertönt ein leises Klopfen. Tom hebt den Kopf und runzelt die Stirn. Es ist so sanft, dass er sich unsicher ist, ob es überhaupt real ist. Er steht auf, geht zur Tür, öffnet sie und sieht... nichts. Die Gänge sind dunkel und still.

Verwirrt schließt er die Tür wieder, setzt sich zurück an seinen Schreibtisch. Doch bevor er wieder in die Arbeit eintauchen kann, hört er erneut das leise Klopfen, diesmal deutlicher. Er dreht sich um und sieht eine Gestalt im Dämmerlicht des Flurs stehen. Eine alte Frau, gebeugt und in einen abgetragenen Mantel gehüllt, ihre grauen Haare wirr um ihr Gesicht.

„Frohe Weihnachten, junger Mann," sagt sie leise, doch ihre Stimme dringt durch die Stille wie ein Glockenschlag. „Warum verbringst du diesen Abend allein?"

Tom runzelt die Stirn. „Wie sind Sie hier hereingekommen? Ich... ich habe zu tun." Er zeigt auf die Papiere auf seinem Schreibtisch, als ob das eine Entschuldigung wäre, jemanden um diese Zeit nicht in sein Büro zu lassen. Doch die alte Frau tritt näher, und ihre Augen, tief und voller Leben, scheinen direkt in seine Seele zu blicken.

„Arbeit, immer Arbeit", murmelt sie, ihre Stimme kaum mehr als ein Flüstern. „Aber wo ist dein Herz, junger Mann? Es ist Weihnachten – das Fest der Liebe. Was ist dir wichtiger?"

Tom öffnet den Mund, um etwas zu sagen, doch die Worte bleiben ihm im Hals stecken. Etwas an dieser Frau ist seltsam. Sie wirkt nicht wie eine gewöhnliche Besucherin. Es ist, als wüsste sie Dinge über ihn, die sie nicht wissen dürfte. „Meine Tochter... sie versteht, dass ich arbeiten muss. Ich tue das für sie, für uns."

Die alte Frau lächelt sanft, aber es ist ein trauriges Lächeln. „Deine Tochter wünscht sich kein neues Handy, kein teures Geschenk. Sie wünscht sich nur dich."

Toms Herz zieht sich zusammen. Die Worte seiner Tochter auf der Mailbox, die er so leichtfertig weggedrückt hat, hallen in seinem Kopf wider. "Bitte, Papa... komm nach Hause." Ein leises Schluchzen am Ende ihrer Nachricht, das er ignoriert hat.

„Was... was wissen Sie über meine Tochter?" fragt er, seine Stimme schwach, fast flehend.

„Ich weiß, dass sie dich braucht", antwortet die alte Frau. „Heute, jetzt. Du hast alles, was du brauchst, um ihr das größte Geschenk zu machen. Doch du musst es erkennen, bevor es zu spät ist."

Die Worte treffen Tom wie ein Blitzschlag. Er fühlt, wie eine Welle der Schuld und Traurigkeit über ihm zusammenbricht. All die Nächte, die er im Büro verbracht hat, all die verpassten Abende, die er hinter Verträgen und Terminen versteckt hat. Was hat er wirklich erreicht? Die Frage brennt in seinem Kopf.

„Ich...", beginnt er, doch als er sich umdreht, ist die alte Frau verschwunden. Er starrt ins Leere, sieht die Tür, die leicht nachschwingt, als wäre sie gerade hinausgegangen. Aber etwas fühlt sich nicht richtig an. War sie wirklich da? Oder hat er sich das alles nur eingebildet?

Sein Handy vibriert erneut auf dem Schreibtisch. Es ist immer noch die Mailbox-Nachricht seiner Tochter. Ihre Worte kehren zurück, eindringlicher als zuvor: „Ich will kein Handy... ich will einfach nur dich."

Tom steht auf, sein Herz rast. Etwas in ihm drängt ihn, endlich aufzuhören zu rennen, aufzuhören, sich hinter seiner Arbeit zu verstecken. Die Welt, die er für so wichtig gehalten hat, beginnt sich zu verschieben. Er greift nach seinem Mantel, schnappt sich die Autoschlüssel und verlässt das Büro. Seine Schritte sind hastig, der kalte Schnee auf dem Gehweg knirscht unter seinen Schuhen. Die Luft ist eisig, doch sie fühlt sich befreiend an.

Als er ins Auto steigt und durch die fast leeren Straßen fährt, wird ihm bewusst, wie sehr er all die wirklich wichtigen Dinge vernachlässigt hat. Die Lichter der Stadt spiegeln sich in der nassen Windschutzscheibe, und mit jedem Kilometer spürt er, wie er etwas loslässt – den Druck, die Schuld, die Selbstvorwürfe.

Schließlich erreicht er sein Zuhause. Das Haus ist in warmes Licht gehüllt, der Weihnachtsbaum steht strahlend im Wohnzimmerfenster. Und dort, an der Tür, steht Mia, ihre Augen leuchten vor Überraschung und Freude. Sie rennt ihm entgegen, die Tränen der Freude laufen ihr über die Wangen. „Papa!"

Tom geht in die Knie und schließt sie fest in seine Arme. „Es tut mir leid, Mia. Ich bin hier. Ich bin zu Hause."

In diesem Moment fühlt sich Tom, als wäre er aus einem langen Traum erwacht. Die alte Frau, ob sie real war oder nicht, hat ihm etwas offenbart, das er lange verdrängt hatte: die wahre Bedeutung von Weihnachten. Es geht nicht um Arbeit, nicht um teure Geschenke. Es geht um die Menschen, die uns lieben und die wir lieben.

Als er seine Tochter festhält, weiß er, dass dies das größte Geschenk ist, das er jemals erhalten könnte – und das schönste Geschenk, das er jemals geben kann.

Wir wünschen dir

Frohe Festtage

und einen guten Start ins neue Jahr!

Achtsamkeit über die Feiertage hinaus

Möchtest du über die Festtage hinaus Achtsamkeit und bewusstes Leben zu einem festen Bestandteil deines Alltags machen? Und willst du dabei Unterstützung?

Unser exklusives gemeinsames Mentoring-Programm wurde genau dafür entwickelt. Wir begleiten dich Schritt für Schritt, um genau das zu erreichen, was du dir wünschst. Es ist perfekt für berufstätige Eltern, die mitten im Trubel des Alltags nach Wegen suchen, Achtsamkeit und bewusstes Leben mit Leichtigkeit zu integrieren.

Unser Mentoring umfasst:

Individuelle Begleitung: Du erhältst Unterstützung, die genau auf deine Bedürfnisse zugeschnitten ist, um deine Wünsche und Ziele zu verwirklichen.

Praktische Tools und Strategien: Du wirst effektive, leicht umsetzbare Methoden entdecken, damit du Achtsamkeit nahtlos in deinen beruflichen und familiären Alltag integrieren kannst.

Stärkung der Eltern-Kind-Beziehung: Du erfährst, wie Achtsamkeit nicht nur dir, sondern auch deinen Kindern zugutekommt, indem sie die Beziehungsqualität erhöht und zu mehr familiärer Harmonie beiträgt.

Berufliche und persönliche Erfüllung: Finde dein erfüllendes Berufsziel und einen harmonischen Weg, um trotz beruflicher Herausforderungen ein ausgeglichenes und erfülltes Leben zu führen.

Wir sind überzeugt, dass Achtsamkeit und ein bewusstes Leben essenziell sind – für dich, dein Arbeitsleben und deine ganze Familie. Wir freuen uns sehr, wenn du dir die Erlaubnis gibst, für dich zu gehen und dich dabei begleiten zu lassen.

Wir wünschen dir ein wundervolles Weihnachtsfest und einen guten Start in ein achtsames neues Jahr.

Von Herzen
Ruth & Daniel

Danke

Liebe Leserin, lieber Leser,

wir bedanken uns herzlich, dass du uns auf dieser besonderen Reise durch die Adventszeit begleitet hast. Jedes Kapitel unseres Buchs „Gelassen durch den Advent" war eine Einladung, die Tage bis Weihnachten bewusst und achtsam zu erleben.

Hoffentlich konntest du in diesen Tagen viele Momente der Ruhe und Freude finden. Vielleicht hast du neue Sichtweisen entdeckt, kleine Rituale in deinen Alltag integriert oder einfach nur gelernt, die kleinen Dinge des Lebens mehr zu schätzen.

Unser Ziel war es, dir Werkzeuge an die Hand zu geben, um die Hektik vor Weihnachten und um den Jahreswechsel herum in eine bewusste, entspannte Zeit zu verwandeln. Wir hoffen, dass die Impulse und Übungen aus unserem Adventskalender auch in Zukunft eine Quelle der Inspiration für dich sein werden.

Dein Feedback ist uns wichtig, um unsere Inhalte stetig zu verbessern und zu erweitern. Teile also gerne deine Gedanken, Erlebnisse und Erfahrungen mit uns.

Schreibe uns eine Email an:
kontakt@heldenderachtsamkeit.de

Falls du tiefer in die Welt der Achtsamkeit eintauchen, zu mehr Bewusstsein und Gelassenheit kommen willst, laden wir dich ein, unsere Webseiten zu besuchen. Hier findest du regelmäßig neue Inhalte, Kurse und Workshops.

Alles Liebe

Ruth und Daniel

Weitere Informationen zu Ruth Görlich und Daniel Schmalhaus erhältst du auf den folgenden Webseiten:

https://ruthgoerlich.de

https://danielschmalhaus.de

https://heldenderachtsamkeit.de

https://kongressrevolution.de

Über Ruth und Daniel

Ruth Görlich
Mentorin für Menschen in Umbruchsituationen, Integrationsexpertin für Bürohunde in Unternehmen, Hundegestützte Trainerin und Ausbilderin
Mit Erfahrung in Führung, Kommunikation und Teamdynamik hat Ruth Görlich durch Arbeit und Leben mit ihrem Hund Balou eine tiefere Bedeutung von (Selbst)Führung entdeckt. Ihre Erfahrungen und Erkenntnisse zu Veränderung, Resilienz, Achtsamkeit und Energiearbeit fließen in Coaching, Training & Mentoring ein. Sie gründete humega® mit der Vision, Menschen sowie Unternehmen dabei zu unterstützen, ihr volles Potenzial zu entfalten, nachhaltig erfolgreich und gesund zu sein – mit oder ohne Hund.

Daniel Schmalhaus
Experte für Work Life Integration, Mentor für dein Online Business
Daniel Schmalhaus unterstützt aufstrebende Führungskräfte und Coaches dabei, ihre beruflichen Ziele zu erreichen, ohne dabei ihr Privatleben zu vernachlässigen. Mit über 20 Jahren Erfahrung im Handel, Coaching und der Führung bietet er dir praxiserprobte Strategien, die auf deine individuellen Bedürfnisse zugeschnitten sind. Du bekommst direkte, umsetzbare Ansätze, um dein Business oder deine Karriere voranzubringen und gleichzeitig ein erfülltes Leben zu führen. Daniel hilft dir, die Balance zu finden, die beruflichen Erfolg und persönliches Wohlbefinden vereint.